빛깔있는 책들 101-9

제주 성읍 마을

글/김영돈 ● 사진/현을생

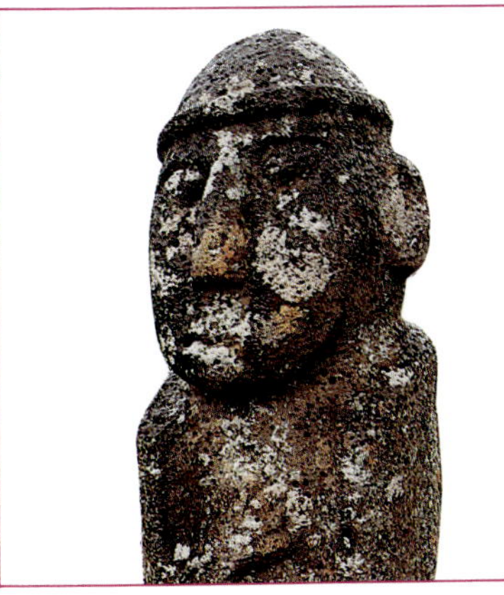

대원사

김영돈 ─────────────
제주대 교육대학원장이며 문화재전문
위원이다. 제주민요, 해녀 등을 연구
하였으며 「제주도민요연구」 「한국구
비문학대계」 「제주설화집성」을 펴냈
다.

현을생 ─────────────
서귀포에서 태어났다. 현재 한국 사진
작가협회 회원이다. 제9회, 11회 제주
도 미술대전 사진 부문 최우수상을
수상했으며, 제2회 전국 제물포 사진
대전, 부산 사진 공모전에서 입선했
다. 87년 개인전 '제주 여인 시리즈
Ⅰ'을 가졌으며, 제주도 작가 작품전
에 출품했다.

제주 성읍 마을

성읍 마을의 역사와 환경　8
성읍 마을의 사회적 배경　21
　성읍 마을의 사회와 생업　21
　성읍1리　25
　성읍2리　30
성읍 마을의 문화재　34
　문화재 개관　34
　초가집　37
　느티나무와 팽나무　65
　정의향교와 일관헌　68
　돌하르방　73
성읍 마을의 전승 문화　86
　민요　86
　걸궁　93
　연자매　98
성읍 마을 사람들의 신앙 생활　101
　민간 신앙　101
　공인 종교　110
성읍 마을의 세시 풍습　112

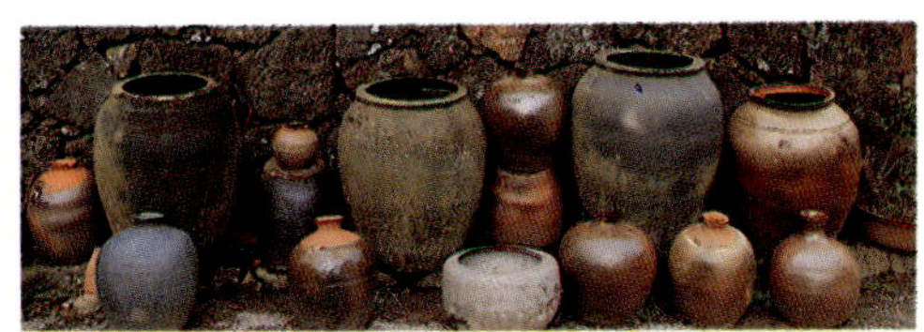

제주 성읍 마을

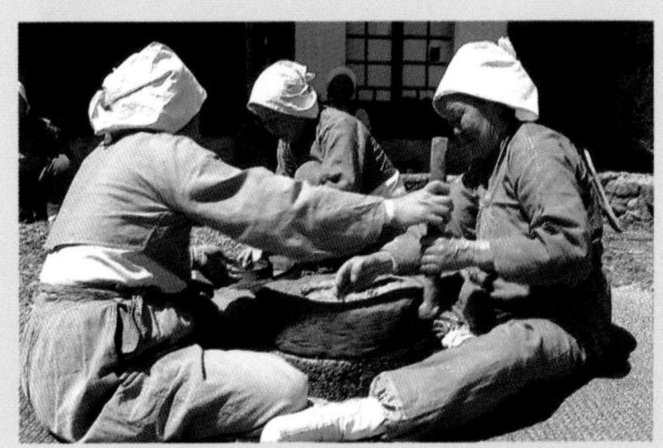

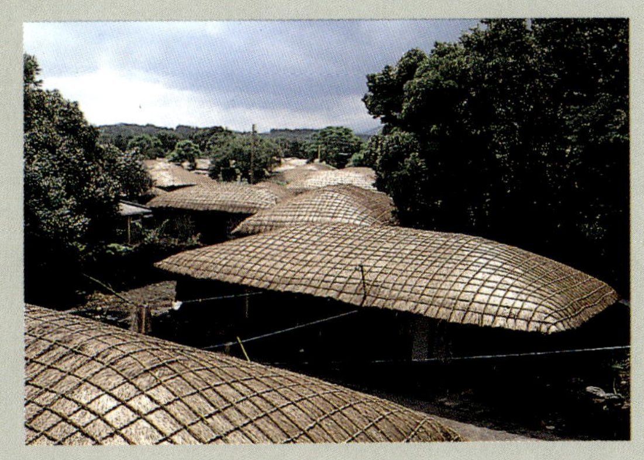

성읍 마을의 역사와 환경

　성읍 민속 마을은 제주도 남제주군 표선면에 속해 있는 산간 마을로 해안 마을인 표선리에서 한라산 쪽으로 약 8킬로미터 올라간 곳에 위치해 있다.

　제주도는 본디 달걀 모양처럼 타원형으로 이뤄졌는데, 예전 주민들이 음료수로 썼던 샘물들이 거의 해안에 분포되어 있다. 따라서 제주도 마을의 약 4분의 3이 해안선을 빙 둘러 가며 이루어졌기 때문에 바닷가에서 무려 8킬로미터 산간으로 올라간 성읍과 같은 산간 마을도 드문 편이다.

　산간 농촌인 성읍은 조선 초기부터 약 5세기 동안 정의현(旌義縣)의 도읍지였다. 따라서 제주도 산간 마을의 하나임과 아울러 약 오백 년 동안 정의현의 도읍지였다는 이중 성격을 띤다는 점이 그 특징이다.

　본디 제주도의 도읍은 지금의 제주시에만 마련되어 있었다. 조선조 태종 때의 오식 안무사는 제주도를 제대로 지켜나가기 위하여 그 도읍을 알맞은 위치에 더 불려야 할 필요성을 절실히 느꼈다. 드디어 오식 안무사는 방어를 철통같이 튼튼히 하기 위하여 제주도

를 삼주현(三州縣)으로 나누어 통치할 것을 조정에 강력히 건의하였
다. 조정에서는 1416년(태종 16) 그 건의의 타당성을 인정하고
받아들였다. 곧 제주도의 정점인 한라영봉을 가운데 두고, 대체로
지금의 제주시와 북제주군을 합친 한라산 북쪽은 제주목(濟州牧)
이라 하고, 한라산 남쪽은 지금의 서귀포시를 중심으로 동서로 나누
어 서쪽은 대정현(大靜縣), 동쪽은 정의현(旌義縣)이라 하여 1914
년까지 약 오백 년 동안 행정 체제를 갖추어 왔다. 곧 1416년부터
1914년까지 세 지역으로 행정 구역이 나누어졌으니, 그 기간은
무려 498년에 이른다.

제주목의 도읍지는 제주시 안의 옛 제주성안이요, 대정현의 도읍
지는 남제주군 대정읍 보성(保城), 인성(仁城), 안성(安城)이었으
며, 정의현의 도읍지는 성읍리였다. 성읍리는 정의현의 고을이었으
므로 ‘정의고을’ 또는 이를 줄여 ‘정꼴’이라 했다.

당초 정의현의 도읍지는 성산읍 고성(古城)이었다. 그러나 고성은
그 위치가 정의현 전체에서 동쪽으로 너무 치우쳤고 일본과 가깝기
때문에 왜적의 침략이 심하여 그 위협에 시달려야 하는 이유로 도읍
지를 성읍으로 옮기게 된 것이다. 곧 1423년(세종 5) 정간(鄭幹)
안무사의 건의에 따라 정의현의 도읍지를 고성에서 성읍으로 옮기
게 되었는데, 그 당시 성읍은 진사리(晉솜里)라 일컫고 있었다.

어찌하여 그 숱한 정의현의 마을 가운데에서도 하필이면 표고
125미터에 이르는 산간 마을인 성읍으로 정의현의 도읍지가 옮겨졌
던 것일까? 특별한 까닭이 있었는지 모르지만, 그 이유로서 성읍이
지니는 풍수지리적 요소도 다분히 작용되었을 것이다. 성읍 주변은
여느 마을과는 달리 은은한 풍수적 운치가 감돌기 때문이다. 해안
마을인 표선리에서 천미천을 따라 8킬로미터쯤 올라가면 아늑한
성읍 마을이 한눈에 들어온다. 마을 남쪽에 병풍처럼 둘러친 영주산
(325미터)의 의연한 모습을 내다보며 어머니 품안 같은 다사로움을

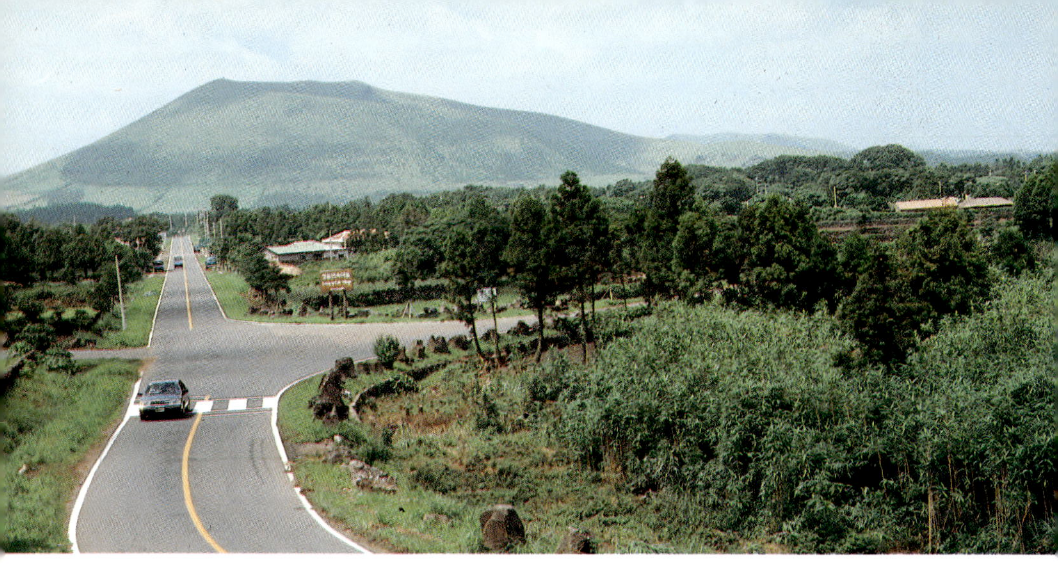

느끼는 사이에 마을 입구에 다다른다.

필자가 정의고을을 찾았던 1959년 한여름 오후 이 마을의 첫인상은 아직도 새롭다.

지난날 성읍리 주민들이 음료수로 썼던 '올리니못' '시거니못'을 거치고 성읍리 어귀에 이르면 마을 뒤를 둘러친 외외한 '영주산'에 아늑하게 감싸인 성읍 마을이 유달리 평화로워 보인다.

성읍 마을 가까이 이르면 천미천 건너 '남산봉'이 뚜렷하며, 바다 쪽으로 눈을 돌리면 '매오름'(137미터)이 매처럼 뾰족하게 솟았다. '백야기오름'의 의젓함이 눈에 띄며 서쪽으로는 '무찌오름'(300미터)이 보인다. '무찌오름' 앞에는 '장자오름'이 드러나며, '장자오름' 서남쪽에는 '갑서니오름'(188미터)이 솟았다. '설오름'(232미터) '모구리오름'(232미터) '독자오름'(159미터) '가시오름'(208미터) '이거네오름'(160미터) '궁대오름'(200미터) '좌보미오름' '돌리미'(158미터) '문서기오름'(346미터) '동꺼무니'(346미터) '높은오름'(405미터) '손지오름' '아부오름'(192미터) '새끼오름' 등 숱한 봉우리들이 점점이 솟아 있어 성읍마을을 감싼다.

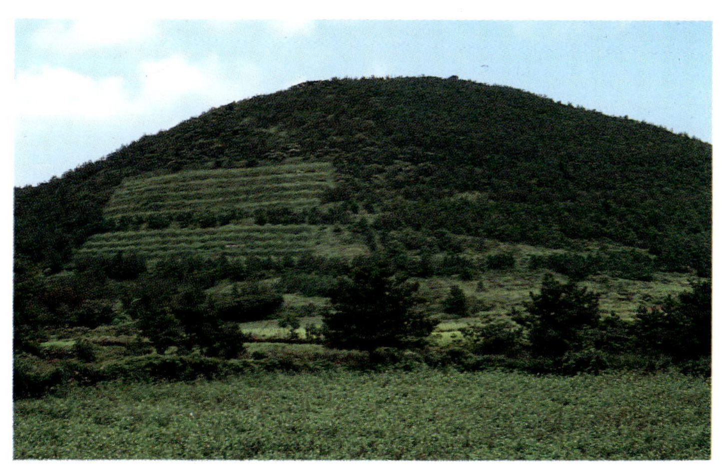

영주산 성읍 마을의 남쪽에 병풍처럼 펼쳐진 영주산은 해발 325미터로, 의연하고 다사로운 자태로 서 있다.(왼쪽)

남산봉 마을 뒤를 영주산이 감싸고 있고, 마을 가까이에는 천미천이 흐르는데 이 내를 건너면 뚜렷하게 다가서는 것이 남산봉이다.(오른쪽)

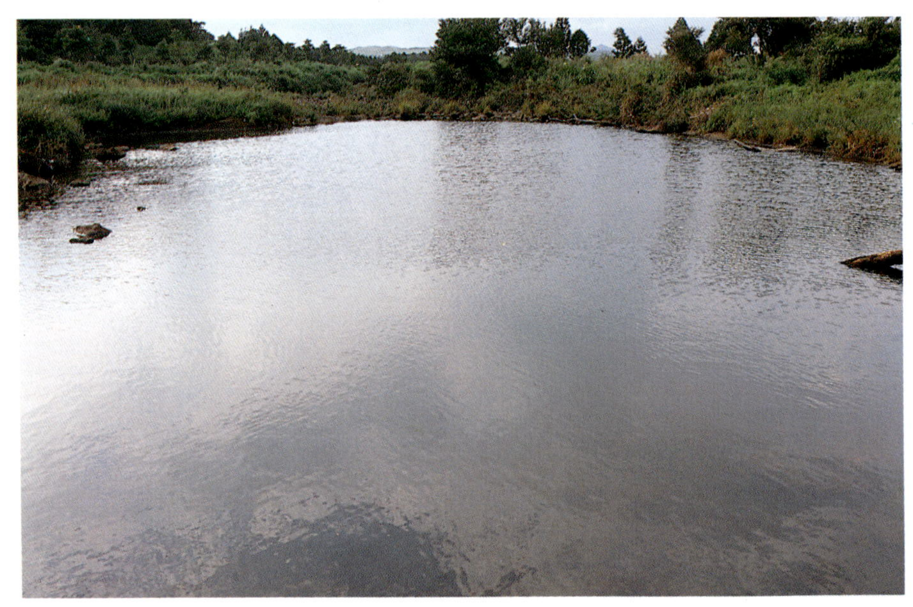

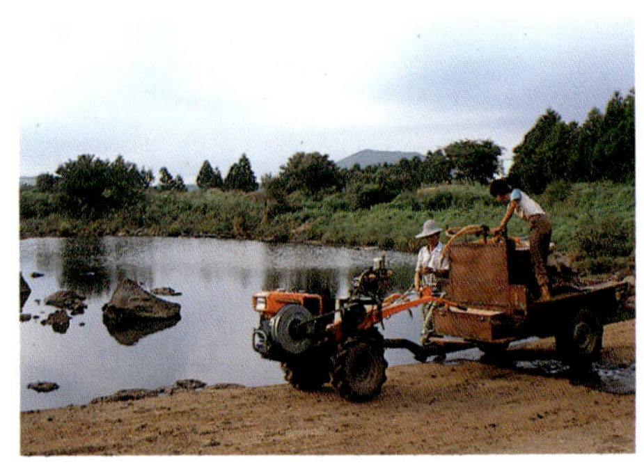

올리니못 지난날 성읍리 주민들이 식수로 이용했던 올리니못. 지금은 농업 용수로
  사용되고 있다.(위, 아래)

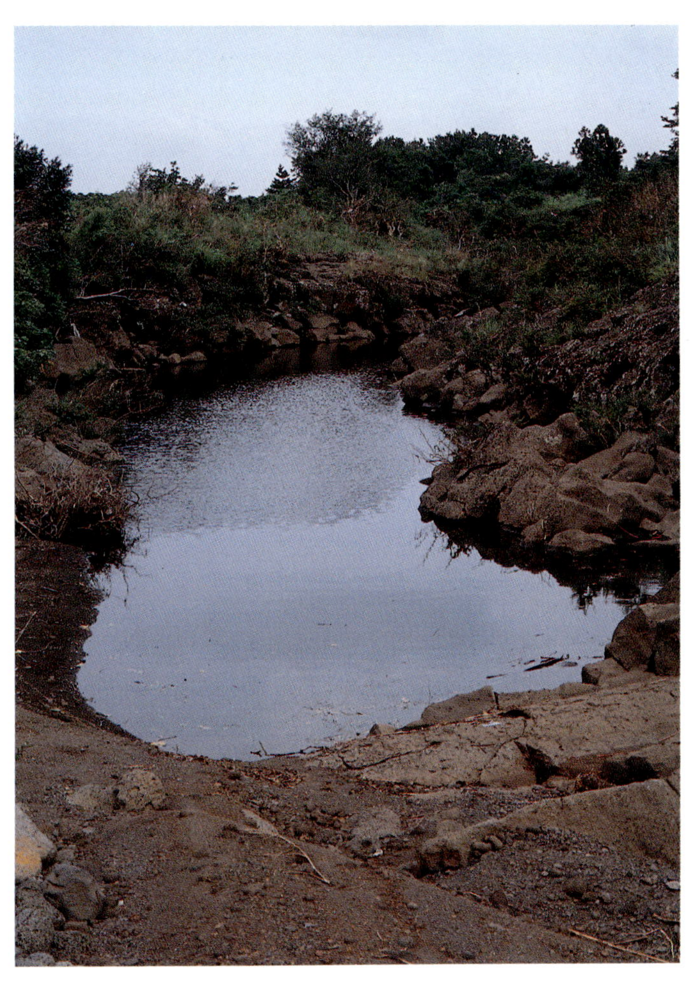

시거니못 　귀중한 담수로서 아낌을 받던 연못이 이제는 기계의 발달로 그 빛이 퇴색하였다.

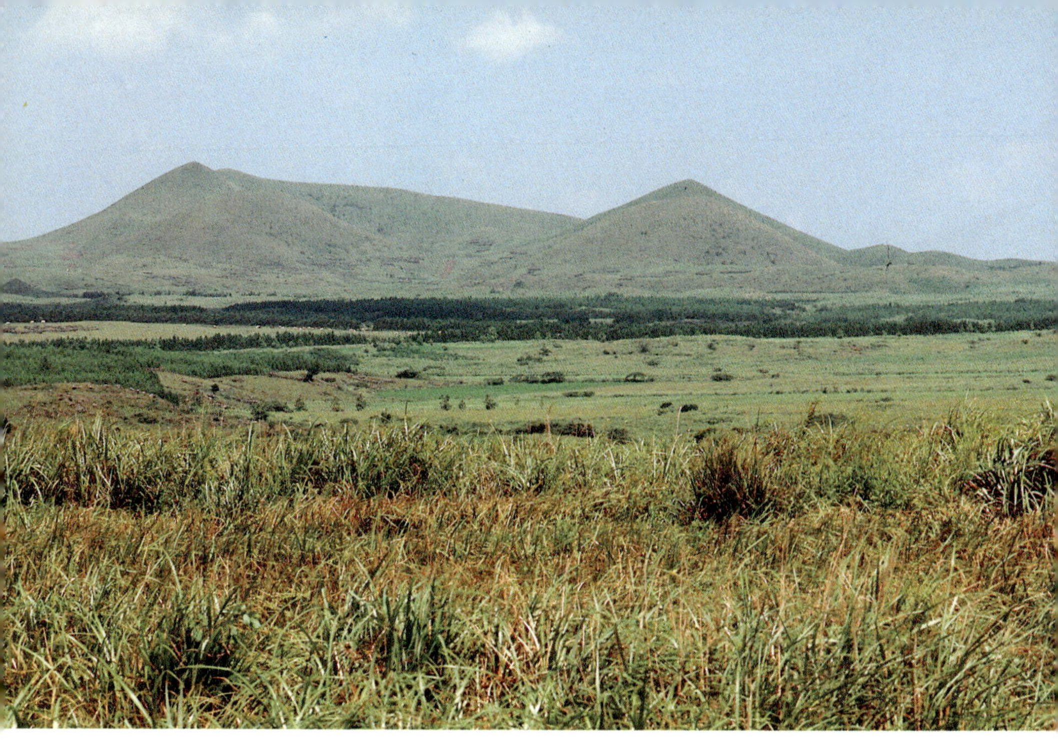

오름   성읍 마을에는 숱한 오름들이 있는데, 이 오름은 봉우리라는 뜻으로 제주도 한라
산 화산 폭발 당시의 작은 분화구들이다. 왼쪽은 좌보미오름, 오른쪽 위는 해발 300
미터인 무찌오름, 오른쪽 아래는 백야기오름이다.

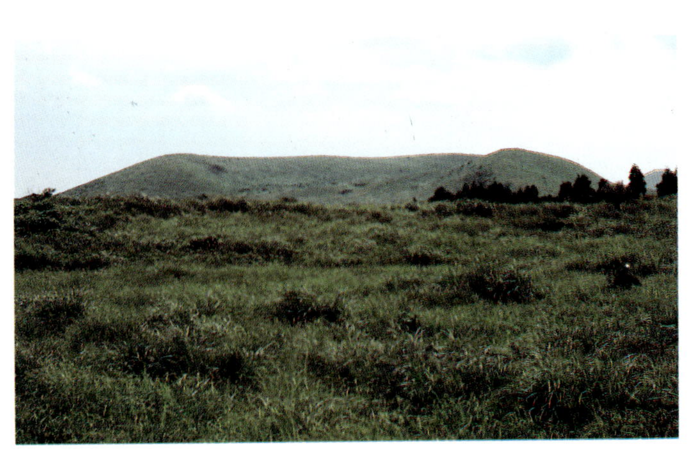

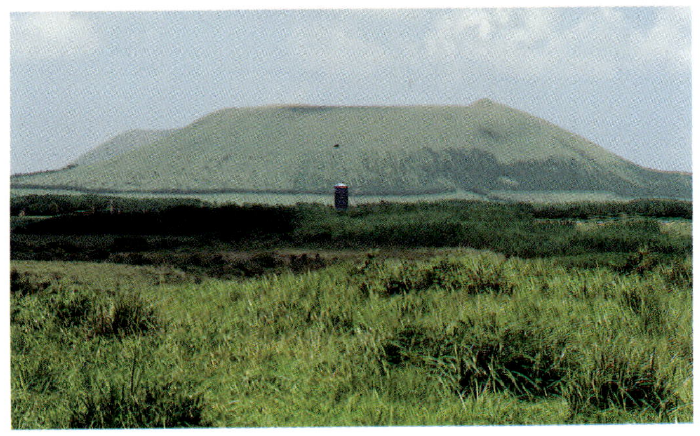

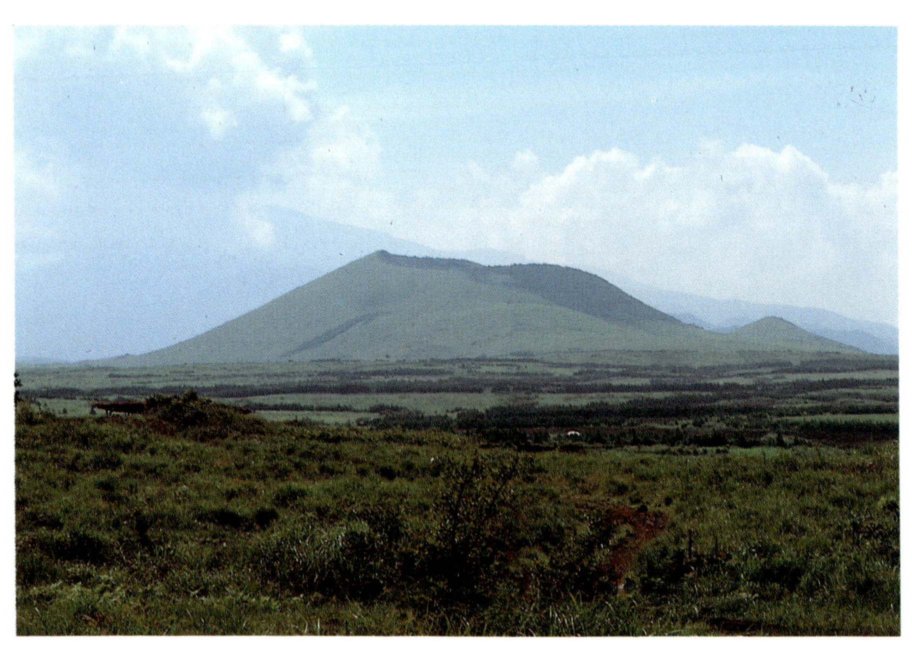

오름 왼쪽은 새끼오름, 오른쪽은 개오름이다. 풍수지리설에 따르면 성읍 마을은 이러한 봉우리들이 둘러싸고 있어, 전란이 일지 않는다고 한다.

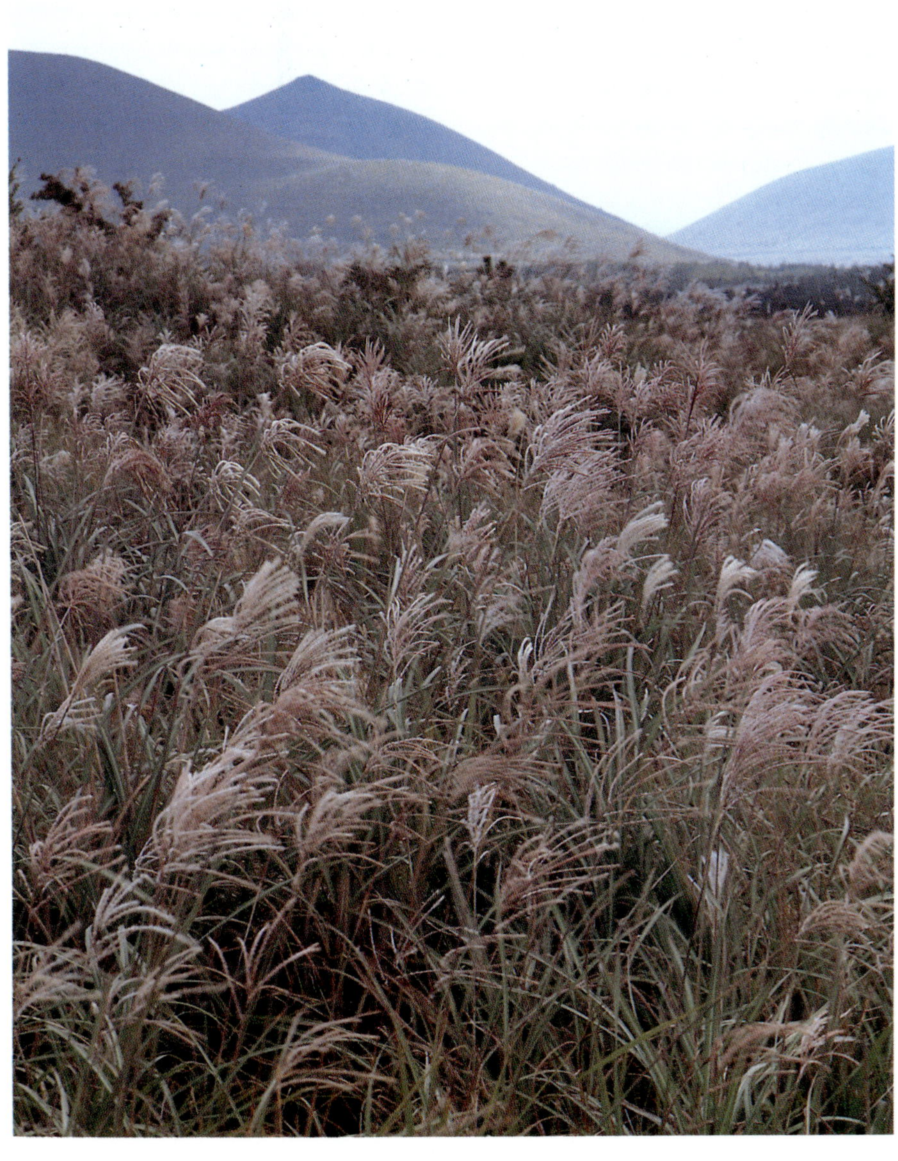

이러한 산천의 조화로운 배합에 따라서인지, 풍수지리설에 따르면 성읍에서는 전란이 일지 않는 이른바 병화불입지지(兵火不入之地)라고 전해진다. 이러한 풍수지리적 요소가 성읍을 도읍으로 정하는 데 고려된 듯하다.

앞서 말한 것처럼 제주도의 행정 구역이 제주목, 대정현, 정의현으로 분할될 1416년 당시 정의현의 도읍은 성산읍 고성이었는데, 1423년(세종 5)에 이르러 불과 7년 만에 그 도읍은 표선면 성읍으로 옮겨졌다.

1864년(고종 원년) 8월, 정의현과 대정현을 승격하여 군수를 두게 했고, 제주목의 관할에서 벗어나 직접 전라도 관찰사의 관할 아래 소속되었다. 이처럼 대정현과 정의현 같은 변두리에 군수를 두고 보니, 제주도의 유별난 지정학적 사정으로 말미암아 제주목과 두 군 사이에 체통이 문란하여 행정상 불편이 많아졌다. 그래서 1880년(고종 17) 2월에는 두 읍을 원래대로 현(縣)으로 환원하고 예전처럼 현감을 두게 했다. 1895년(고종 32)에는 지방제도 개편에 따라서 제주를 부(府)로 고쳤으며 목사를 관찰사로 바꾸었고 판관 제도를 참사관제도로 개편하여 군수를 겸하게 하였으며, 경무청도 신설하였다.

1906년(광무 10)에는 1896년(고종 33)에 부활했던 목사제도를 폐지하여 군수를 두었으며, 1914년에 이르러서는 드디어 대정, 정의 2군을 없애고 제주군에 합병시켰다. 그리하여 1423년 이후 약 5세기 동안 정의현의 도읍지로 당당하던 성읍도 평범한 농촌으로 을씨년스럽게 탈바꿈해 갔다.

1915년 5월 1일을 기하여 제주군제도가 폐지되고 도제(島制)가 실시되었다. 정의고을이었던 성읍도 오늘날의 표선면 면소재지 정도로 전락하였다. 지금의 표선면은 1935년 동중면(東中面)이 개칭된 이름이다. 1946년 군제(郡制) 실시에 따라 표선면은 남제주군 산하에 포괄되었다.

이에 앞서 1934년 면사무소마저 표선으로 옮겨짐에 따라 성읍은 옛 고을의 풍취를 간직한 채 사양길로 접어들게 되었다.

성읍리는 제주도의 특이성을 지닌 산간 마을임과 동시에 오백 년이란 긴 세월 정의현의 현청소재지로서의 특성이 접목되었다는 점에서 민속 마을로서의 값어치를 지닌다.

이리하여 정의고을이었던 성읍리는 1980년 5월 6일 지방민속자료 제5호로 지정, 보호되다가 1984년 6월 7일 정부 지정 중요민속자료 제188호로 확정되었다. 지정 보호 구역은 3,191,711평방미터(965,488.23평)에 이르렀는데 1987년 9월 23일 790,747평방미터(239,200평)로 대폭 축소 조정되었다. 관광 체계가 확립되지는 못했으나 오늘날에는 관광객과 학자들이 숱하게 드나든다.

오백 년의 도읍지로서 성읍 마을에는 어떠한 시설들이 있었던가? 이를 정확히 확인하기는 어렵다. 참고로 이원진(李元鎭) 목사의 「탐라지(耽羅志)」에 보면 다음과 같은 관서와 시설이 있었던 것으로 기록되어 있다.

- 客舘東軒·衙·官廳·鄕所廳·出身廳·武學廳·作廳
- 倉庫·鄕約·祠廟·將官·軍兵·奴婢

옛 도읍지로서의 사회적 배경과 갖가지 유형, 무형의 문화재 역시 오백 년 동안의 도읍지였다는 점에서 전해지는 게 흔하다. 이는 항목을 달리하여 살펴보겠지만, 성읍국민학교 터 뒤에 있는 채수강 군수 청덕기념비(蔡洙康郡守淸德紀念碑)라든가, 조일훈 가옥 울타리 돌담에 박힌 이기선 참봉 휼궁비(李奇善參奉恤窮碑) 등도 옛 도읍의 한갓 자그만 자취라 할 것이다.

당국에서도 심혈을 쏟고 있지만, 오백 년간의 도읍지로서의 모습

을 어떻게 복원, 보존해야 할 것인가, 그리고 성읍리 주민들에게
자랑과 보람을 안겨다 줄 수 있는 관광 개발 시책을 어떻게 펴나갈
것인가는 앞으로의 커다란 숙제라 하겠다.

기념비(碑) 성읍 마을에는 옛 도읍지로서의 갖가지 유형, 무형의 문화재들이 흔히
전해지고 있다. 아래 왼쪽은 조일훈 가옥 울타리 돌담에 박힌 이기선 참봉 휼궁비이
고, 오른쪽은 호조참판이었던 조명윤의 부인인 김씨를 기리는 비이다.

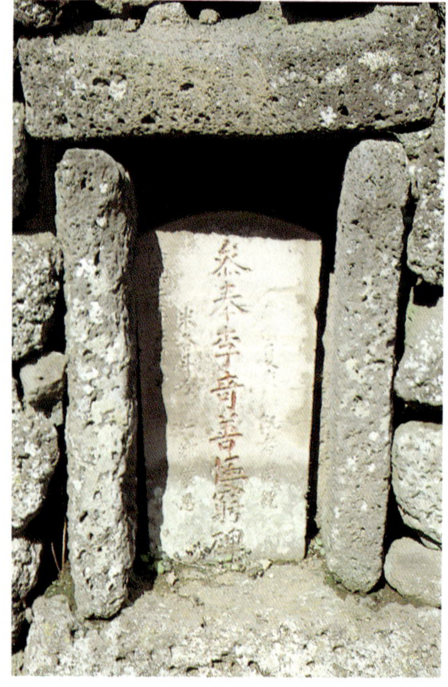

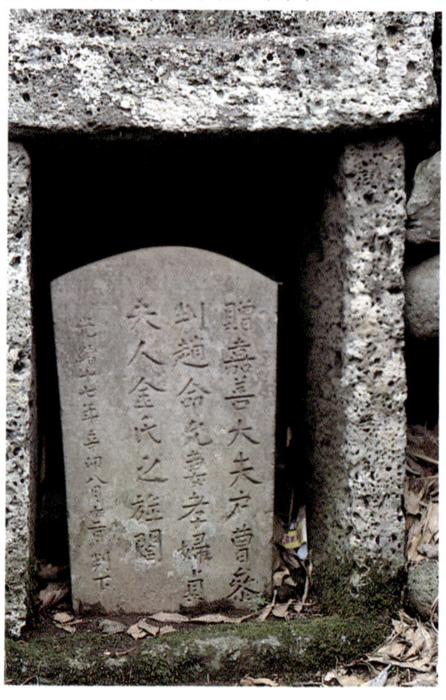

성읍 마을의 사회적 배경

성읍 마을의 사회와 생업

약 오백 년 동안 정의현의 현청소재지였던 성읍리를 일반적으로 '정의고을'이라 한다. 행정 구역상으로는 제주도 남제주군 표선면에 속해 있는데, 1961년 이후 성읍1리와 성읍2리로 분할되었다.

성읍1리는 해안 마을인 표선리와 약 8킬로미터 떨어진 산간 마을로서 표고가 125미터이며, 성읍2리의 표고는 210미터인데 해안에서 11킬로미터 남짓 올라간 곳으로 속칭 '구렁팟(九龍洞)'과 2백만 평에 이르는 성읍 목장이 있는 '안밧(安保洞)'으로 이루어진, 목장을 둘러싼 산간 벽지 마을이다.

성읍리를 포괄하는 표선면은 널따란 목야지를 지닌 외에는 유별난 특색이 없다. 성읍리는 남으로 표선리와 세화리를 두었으며, 서남으로 가시리와 토산리, 동으로는 신풍리와 삼달리, 북으로는 남제주군과 북제주군의 경계를 두고 송당리(북제주군 구좌읍)의 경계와 닿아 있다.

성읍 마을 주변에는 이른바 '오름'이라는 봉우리들이 불쑥불쑥

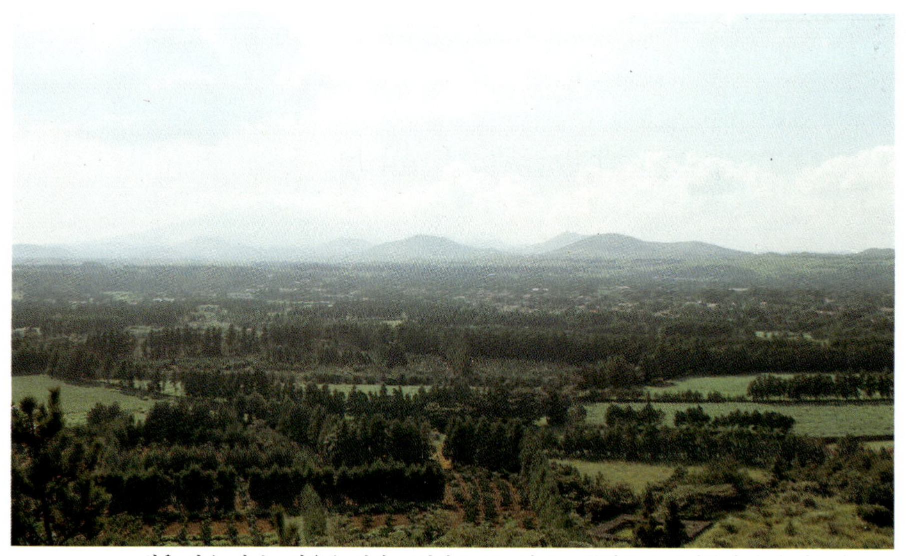

성읍 마을 전경 성읍은 행정 구역상으로는 제주도 남제주군 표선면에 속해 있는데, 1961년 이후 성읍1리와 성읍2리로 분할되었다.

솟았다. 운치 있게 벌려 선 이 봉우리들은 성읍 마을을 아늑하게 감싼다. 성읍1리와 성읍2리 사이에는 탁 트인 목야지가 시원스럽게 눈앞에 펼쳐진다. 점점이 솟은 봉우리들과 더불어 장엄하고도 그림 같은 조화를 이룩한다.

성읍 주민들, 특히 부인들의 중요한 나들이는 표선 5일장 출입이다. 매월 2일, 7일, 12일, 17일, 22일, 27일마다 서는 표선 5일장을 통하여 일상 필수품을 사들인다. 농토가 기름지지 못하므로 고작 팥, 콩 따위 잡곡을 내다파는 정도다. 제주시에서 표선 사이의 버스가 개통되면서 그 교역권도 제주시 중심으로 옮겨졌다. 따라서 이제는 신산, 세화, 서귀포의 5일장을 드나드는 일은 거의 없다. 이렇게 경제적 교역권이 달라짐으로써 생활 문화의 교류도 점차 바뀌어 간다.

성읍이 정의현의 도읍지였으므로 성읍 주민들의 긍지도 역력했

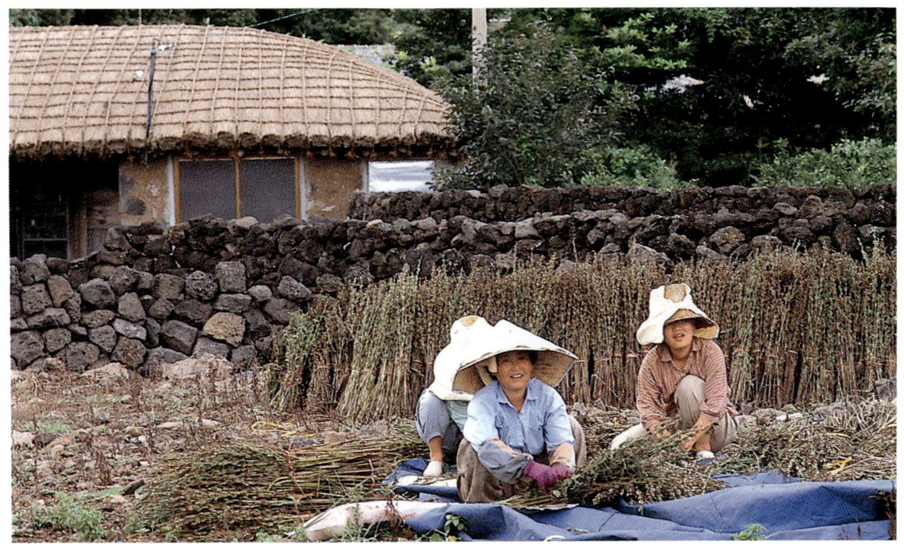

성읍 주민들 성읍은 농토가 기름지지 못하므로 팥, 콩 따위의 잡곡을 재배하는데 주민들은 이것을 표선의 5일장에 내다 판다.

다. 예를 들면 성읍에서 표선으로 가는 일을 성읍 사람들은 "촌에 간다"라고 말할 정도였다. 1934년 표선면사무소가 성읍에서 표선으로 옮아갈 때까지 사실상 표선이 시골이었음은 물론인데, 세월이 흐른 최근까지 "촌에 간다"라는 표현은 입버릇이 되었다.

버스 노선이 연결되기 전에는 제주시 왕래도 걸어 다닐 길밖에 없었다. 제주시와의 왕래는 지금의 산업도로를 이용, 한라산 기슭을 따라서 북서로 횡단해 올라갔다. 곧 '구렁팟'을 거쳐서 남북제주군 경계를 넘고 구좌읍 등성마루를 가로질러 와산과 와흘(조천읍) 및 봉개(제주시)로 들어갔다고 한다. 나이 든 이들의 말에 따르면 아침 8시에 성읍을 출발하여 오후 3시에 제주시에 도착하였다니 무려 7시간이나 걸렸다는 이야기다.

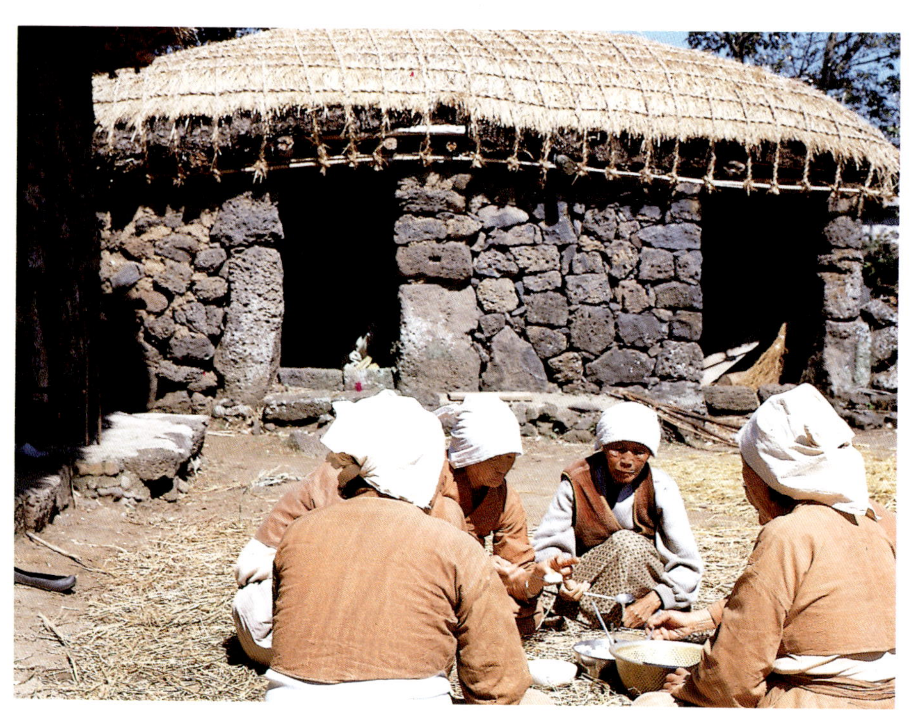

성읍 주민들 갈옷을 입고 있는 성읍 마을의 부인들. 풋감 물을 들인 베옷인 갈옷은 땀 흡수가 좋고 통기성이 좋을 뿐더러 질기고 때를 잘 타지 않는 옷으로서 예부터 제주 주민의 작업복으로 애용되어 왔다.

24 성읍 마을의 사회적 배경

성읍1리

성읍1리는 서상동, 서하동, 동상동, 동하동, 서동으로 나누어졌으며, 7개 반으로 편성되었다. 이(里)사무소는 1971년 재일교포의 지원을 얻어 마을회관으로 쓰일 공간이 달린 현대식 건물로 지어 놓았고, 성읍민속마을보존회 사무실도 이곳에 있다.

성읍1리의 동네 이름으로는 '성뒷골' '가가비통' '막은골' '아득골' '남문골' '벌런방죽' '창뒷골' '옥골' '왕돌목' '둠부리' '노ᄃ리방죽' '안밧' '생구골' '닥남밧' '벤저리동산' 'ᄆ름터' '공문동산' '성뒤' 등을 들 수 있는데, 이 가운데는 옛 현청소재지였다는 데서 말미암은 이름들도 보인다. 또한 이 마을을 빙 둘러 천미천이 흐르는데 천미천이란 내와 마을과 연접된 지점으로 '산냇도' '녹남도' '쉐깃도' '가죽물도' '앞냇도' '샛냇도' '굴맹이' '관도' '대도' '수젱이도' '사우장도'라는 지경 이름이 드러난다.

주요 기관 및 단체로는 성읍국민학교와 노인회관 외에 성읍민속

민간 공예　성읍이 민속 마을로 지정된 후 생긴 공예품집.

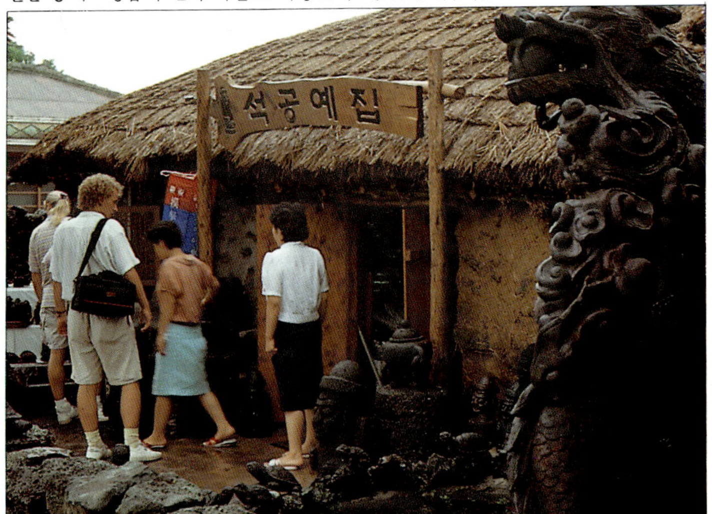

마을보존회, 성읍4H구락부, 성읍부녀회, 성읍청년회, 노인회, 성읍목 장조합 등이 있으며, 제주시에 재제주시 성읍친목회, 서귀포에 재서 귀포시 성읍친목회, 서울에 재경 성읍친목회, 일본에 재일 성읍친목 회 등이 있다.

교회로는 설립 연도가 꽤 오랜 성읍장로교회가 있으며, 불교 사찰 로는 근래에 세워진 법성사가 있다.

마을에 우체통이 한 개 있는데, 표선 우체국에서 집배원이 일요일 을 빼고는 날마다 한 차례 다녀간다. 또한 1984년에 보건 진료소도 생겼다. 1988년 9월 현재 음식점이 9개소, 가게가 20개소(일반 잡화상 10개소, 기념품 가게 10개소) 있다.

성읍의 교육 기관으로는 정의향교와 성읍국민학교를 들 수 있 다. 정의향교는 '성읍 마을의 문화재'에서 다루기로 하고 여기에서는 성읍국민학교의 연혁만을 살펴보겠다.

성읍국민학교는 제주도내에서도 손꼽을 만큼 오래된 역사를 지녔 다. 성읍국민학교에서는 그 창설을 1937년 8월 21일에 설립된 성읍 심상소학교로부터 잡고 있지만, 이에 앞서 1919년에 설치된 성읍보 통학교와 이의 전신으로 1907년 창설의 사립의명학교(私立義明學 校)가 있었으니, 그 연혁은 꽤 거슬러 올라간다.

1930년대만 하더라도 성읍보통학교의 재학생은 그 주변 마을 일대에 널리 퍼져 있었다. 그것은 송지준옹이 보관하고 있는 각 마을별 1935년도 성읍보통학교의 재학생 통계에서도 드러난다. 곧 「성읍보통학교 존치를 위한 건의서」에 드러난 재학생 수는 252 명이었는데, 성읍리(82명), 가시리(42명)를 비롯하여, 신산리(24 명), 표선리(22명), 삼달리(22명), 신풍리(19명), 하천리(14명), 세화리(11명), 난산리(8명), 신천리(7명), 토산리(1명) 등이다.

그 때 성읍보통학교의 재학생들은 정의현 관내 여러 마을에서 이민의 합의를 거쳐 발탁되었다. 재학생 한 사람마다 한 해에 150

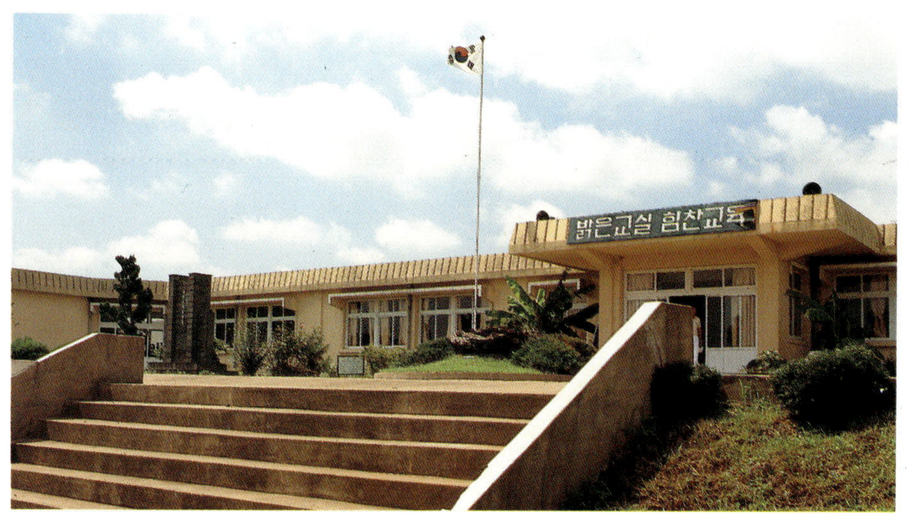

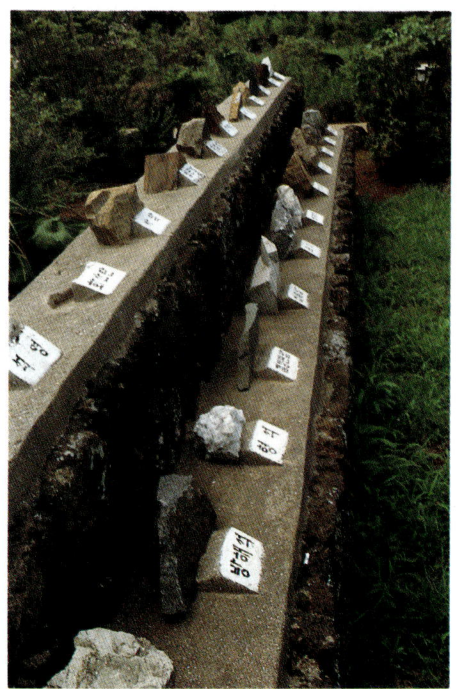

성읍국민학교 성읍은 당시 행정의 중심지였을 뿐더러 교육, 문화적으로도 핵심 지역이었다. 1909년에 설치된 정의보통학교는 성읍국민학교의 전신이었다. 위는 학교 건물, 아래는 교육용 광물 표본 전시장이다.

냥과 쌀 소두 72되씩 장학금조로 모아 주었다고 송지준옹은 회고한다.

성읍리는 그 당시 행정의 중심지였을 뿐더러 교육, 문화적으로도 단연 핵심 지역이었다. 더구나 사립의명학교 당시는 정의현 관내에서 장학금의 혜택 밑에 학생들이 여러 곳에서 몰려들었고, 학생들의 긍지도 대단했던 듯하다. 정의보통학교는 1909년에 설치되었으니, 그 전년(1908)에 세워진 대정보통학교와 그 전전년(1907)에 개교한 제주보통학교(현 제주북국민학교)와 더불어 단 셋밖에 없는 초등 교육 기관 중의 하나였던 것이다.

성읍리의 자생적 집단으로는 여느 마을이나 마찬가지로 이른바 '접'이라는 몇 종류의 계(契)가 있다. 전래적인 계로는 '물ᄀ레접' '장막접' '화단접' '산담접' '쏠접' '쉐접' '켓접' 등을 들 수 있는데, 시대의 변천에 따라 이제는 '물ᄀ레접' '산담접' '켓접'이 사라지고, '쏠접'도 자취를 감추어 가는가 하면, '화단접' '쉐접'은 7개 반 단위의 자동적 결속으로 탈바꿈했다.

물ᄀ레접　　연자매 하나를 공동으로 설립, 운용하는 게. 필요한 경비를 쌀, 현금으로 공동 부담하여 필요한 노력도 분담한다. 또한 계원들의 경조사 때에도 쌀 등을 모아서 서로 도왔으므로 강력한 유대가 이루어진다. 성읍에는 각 연자매별로 16개의 '물ᄀ레접'이 있었다.

장막접　　장막을 공동으로 사들이고 계원들이 함께 쓰는 게. 계원 외의 주민들에게는 임대료를 받아서 계의 경상비로 쓴다. 성읍 1리에는 '하골장막접'과 '상골장막접'이 있었다.

화단접　　상여계(喪輿契)로서 '골'마다 있다. '골'이란 초상을 함께 치르는 집단을 뜻한다. '골'의 동민들이 상여를 공동으로 마련하여 공동으로 쓴다.

산담접　산담이란 무덤 둘레를 네모나게 쌓은 돌담이다. 장사 치르는 날 봉분과 '산담'을 한꺼번에 마련하는 것이 보통이지만, 사정에 따라 '산담' 쌓기는 '산담접'에 의뢰하기도 한다. '산담접' 계원들은 '산담' 쌓기를 공동으로 치르고 그 임금을 계의 공동 수입으로 한다.

쑬접　경조사나 가옥 신축, 수리 때에는 한꺼번에 쌀이 많이 쓰이므로 이에 대비하느라 마련된 계로 가장 흔했던 민간 자생 조직이다. 쌀이나 현금을 모아서 계를 발족하고, 계원 가운데 대사가 있어서 도움 받기를 원하면 규약에 따라서 일정량의 쌀을 전한다.

쒜접　괭이, 삽, 지레 등의 농기구는 개개 농가로서는 가끔 필요한데 이를 가구마다 갖추기는 어렵다. '쒜'는 '쇠(鐵)'를 뜻하는데, 쇠로 된 기구들을 공동 구입, 공동 사용하고 계원이 아닌 이에게는 임대료를 받고 빌려 주어 계의 수입원으로 삼는다.

켓접　마소를 가진 농가들이 공동으로 목야지에 돌담을 두르고, 이 안에서 함께 마소를 먹이며 기르는 계. 돌담을 두른 목야지를 '케왓'이라 하며, 계원 아닌 사람의 마소를 맡아서 함께 양육할 때에는 삯을 받고 계의 수입으로 한다.

이 밖에도 갑장계, 세찬계, 관광 여행계 등이 있으며, 근래에는 특히 처녀들 사이에서 혼수 마련을 위한 갖가지 계가 유행한다.

성읍 사람들의 생업은 어떠한가. 농사가 위주이면서 축산업을 겸하고 있어, 반농반축(半農半畜)이거나 주농부축(主農副畜)이다.

축산업이 극성스러움은 성읍리가 광활한 목야지로 둘러쳐져 있기 때문이다. 성읍리의 농토, 곧 경지 면적은 이 마을 총면적의 7.4% 밖에 안 되는데, 임야 면적은 무려 86.0%에 이른다. 표선면의 호당 평균 경지 면적에 비하여 성읍리의 경우는 더욱 좁다. 경지 면적이 비좁은 데다가 농토가 기름지지 못하고 기상 조건이 농사 짓기에 알맞지 못하므로 예부터 농산물 수확고는 퍽 낮다.

따라서 1950년대까지만 하더라도 정부의 대여곡을 상당량 배정 받아야만 식량이 충당되는 형편이었다. 요즈음에 와서야 간신히 마을 안에서 식량이 자급자족된다. 그래도 삶에 여유 있는 주민들은 대체로 축산업에 열의를 다하는 사람들이다.

성읍 마을 북쪽에는 밀감밭이 꽤 넓다. 1970년을 전후하여 이 마을 출신 재일교포들이 마련하여 놓은 것이다. 어쨌거나 성읍 농가 들은 영세성을 띤다. 그것은 3정보 이상의 경지 면적을 가진 농가가 10호에 불과하다는 데에서도 입증된다. 농업의 영세성을 축산으로 써 만회하려는 의도는 역력해서 마소를 사고 팔기 위하여 성읍을 드나드는 손님들도 흔한 편이다.

유채(油菜) 역시 기복은 있더라도 주민들의 주요한 소득원이다. 그리고 이른바 청모(靑茅)라는 푸른 띠(새)를 베어서 김을 말리는 발의 용도로 전라남도 완도 등지로 수출해서 지난날 상당한 소득을 올렸다. 얼마 전부터는 누른 띠(새)가 제주도 고유의 초가지붕을 엮는 재료로 팔려 나간다. 1970년대 초를 기준한다면 농가의 수입은 축산, 유채, 보리, 푸른 띠(새)로 1972년도에는 푸른 띠(새)만 하더 라도 1만 2천 묶음이나 팔려 나가 이제는 그 소득원도 달라져 가고 있음을 알 수 있다.

성읍2리

성읍1리에서 3킬로미터 남짓 한라산으로 올라간 곳에 성읍2리가 있다. 성읍2리는 구렁팟과 안밧의 두 동네로 이루어졌다.

구렁팟은 성읍1리에서 북북서쪽으로 약 3킬로미터쯤 올라간 곳에 위치해 있다. 그 사이는 허허롭게 탁 트인 목야지거나 띠밭이다.

구렁팟 동쪽에는 안밧과 성읍 목장이 있다. 구렁팟과 안밧으로 이루어진 성읍2리는 1989년 6월 현재 69가구에 317명(남 156명, 여 161명)이 산다.

구렁팟은 본디 그 동쪽 '할미동산'에 동네가 이루어졌었다고 한다. '할미동산'에 이루어졌던 동네를 '할미가름'이라 했다.

'할미가름'에는 큰 기와집에서 숱한 머슴들을 거느린 홍부자가 살았다. 그 머슴들 가운데는 심술궂은 자가 있어서 홍부자네는 나날이 기울어져 갔고 마을에는 흉사만이 일었다. 더구나 그 무렵 '할미가름' 주민들에게는 막무가내의 불운이 덮쳤다. 어떻게 된 영문인지 아무리 정성을 기울여도 아들을 낳을 수 없는 불운으로 집안마다 안달이었다. 아들을 낳을 수 없는 까닭을 주민들은 백방으로 찾았다. 큰비가 쏟아질 경우에는 홍수가 '할미가름'을 가로질러 흐르므로 행운이 씻기어서 집집마다 득남하기 어렵다는 속신이 지배적이었다. 마을을 집단으로 옮기지 않을 수 없다는 의논이 돌 무렵, 홍부자에게 항의하는 머슴들의 난동이 겹쳐지자 서둘러 구렁팟으로 마을을 옮기게 되었다. 20세기 초의 일이라 한다.

이리하여 구렁팟으로 마을을 온통 옮기기는 했지마는, 혹시 다른 불운이 덮치지는 않을까 하여 주민들은 줄곧 조바심이었다. 풍수설로 보아서 이 구렁팟 남쪽 입구의 '주중머치'라는 돌동산이 보인다는 것은 주민들에게 앙화가 미치리라는 설이 파다했다. 자라 보고 놀란 가슴 소댕 보고 놀란다고 주민들은 심각히 대책을 협의했다. 방사탑(防邪塔)을 세워 동네에서 '주중머치'가 안 보이도록 조처함이 상책이라는 데 합의했다. 이리하여 세워진 방사탑이 구렁팟 남쪽 입구에 세워진 '가매기동산'이다.

4·3사건 당시에는 한동안 구렁팟 전주민이 성읍1리로 피난하기도 했었다.

구렁팟 부인들의 민간 신앙은 '당칩'에서 이뤄지는데, 성읍1리의

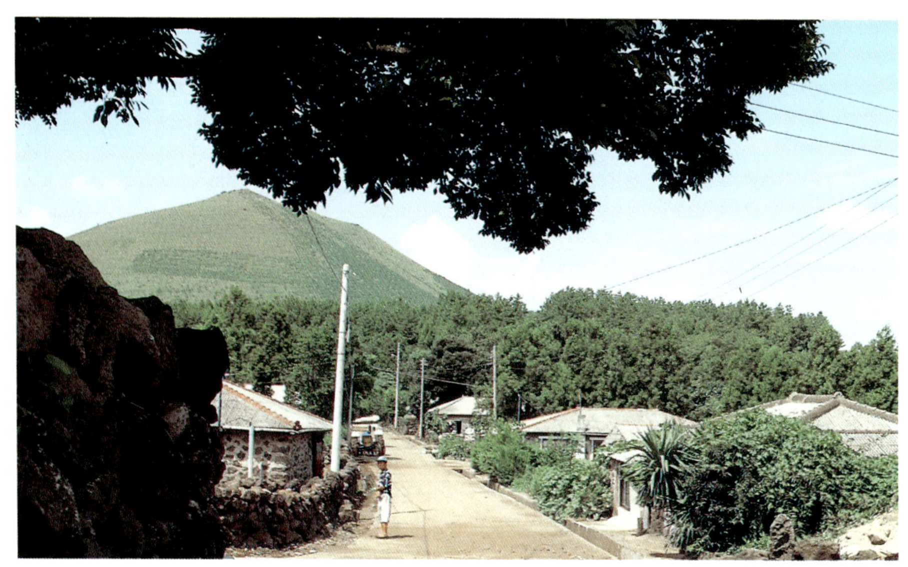

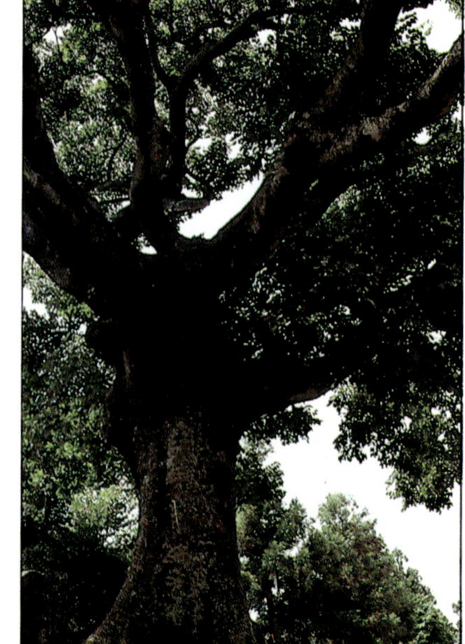

구령팟 성읍2리는 구령팟과 안밧의 두 동네로 이루어
졌는데, 구령팟은 성읍1리에서 북서쪽으로 약 3킬로
미터쯤 올라간 곳에 위치해 있다. (위)

구령팟의 나무 구령팟 입구에 선 큰 나무는 이 마을
의 역사를 지켜 온 마을의 표지이자 주민들 마음의
의지처이다. (아래)

‘안할망당’에서 당신(堂神)을 모셔 왔다고 전해진다. 구렁팟에는 근래에 가나안교회도 생겼다.

구렁팟에 3개소의 연자매가 있었는데, 지금은 모두 뜯기었다. 성읍국민학교에 통학하는 어린이들은 걸어서 60분이나 걸리는 거리를 나날이 왕복한다. 구렁팟 주민들은 모두 축산을 겸업한다. 소가 약 200마리, 말이 약 10마리 있다. 예전의 집터였던 ‘할미가름’은 바로 구렁팟과 이웃해 있으므로 주민들의 소중한 농토로 활용된다.

‘할미가름’의 지명에는 지난날 동네의 터전으로서의 흔적이 다음과 같이 드러난다.

돗우영　　돼지를 기르던 터앝.

감남우영　　감나무가 자라던 터앝.

이문선밧　　대문이 세워졌던 밭.

선호방 집터　　현호방(玄戶房) 집터.

불끈터　　예전 불이 났을 때 불을 껐던 터.

산생이터　　산새들이 많이 몰려들던 터.

성읍 마을의 문화재

성읍 마을은 약 오백 년 동안의 도읍지였으므로 유형, 무형의 문화재가 꽤 많이 있다. 우선 성읍 마을의 문화재를 개관한 다음, 중요한 문화재 몇 가지를 살펴보기로 한다.

문화재 개관

국가 지정 문화재
성읍리 느티나무 및 팽나무
- 지정 번호:천연기념물 제161호
- 지정 연월일:1964. 1. 31
- 면적:1,248평
- 소재지:남제주군 표선면 성읍리 882의 1번지 외 3필지
성읍 조일훈 가옥
- 지정 번호:중요민속자료 제68호
- 지정 연월일:1979. 1. 22

- 소재지:남제주군 표선면 성읍리 872
- 수량:1곽

성읍 고평오 가옥

- 지정 번호:중요민속자료 제69호
- 지정 연월일:1979. 1. 22
- 소재지:남제주군 표선면 성읍리 809
- 수량:1곽

성읍 이영숙 가옥

- 지정 번호:중요민속자료 제70호
- 지정 연월일:1979. 1. 23
- 소재지:남제주군 표선면 성읍리 887
- 수량:1곽

성읍 한봉일 가옥

- 지정 번호:중요민속자료 제71호
- 지정 연월일:1979. 1. 23
- 소재지:남제주군 표선면 성읍리 928
- 수량:1곽

성읍 고상은 가옥

- 지정 번호:중요민속자료 제72호
- 지정 연월일:1979. 1. 22
- 소재지:남제주군 표선면 성읍리 862
- 수량:1곽

제주도 지정 문화재

민요 5수

- 지정 번호:무형문화재 제1호
- 지정 연월일:1971. 8. 26

- 지정 대상:오돌또기, 산천초목, 봉지가, 해녀노래, 맷돌노래
- 기예능 보유자:민요 5수 가운데 '오돌또기'의 기예능 보유자는 성읍리의 조을선(趙乙善, 성읍리 884, 1915년 4월 6일생), '봉지가'의 기예능 보유자도 역시 성읍리의 이선옥(李善玉, 성읍리 846, 1914년 1월 14일생)이며 '산천초목' 또한 조을선, 이선옥에 의해 본디 가락으로 전승된다.

정의향교
- 지정 번호:유형문화재 제5호
- 지정 연월일:1971. 8. 26
- 소재지:남제주군 표선면 성읍리 820
- 수량:1곽

일관헌(日觀軒)
- 지정 번호:유형문화재 제7호
- 지정 연월일:1975. 3. 12
- 소재지:남제주군 표선면 성읍리 809-1
- 수량:1동

돌하르방
- 지정 번호:민속자료 제2-2호
- 지정 연월일:1971. 8. 26
- 소재지:남제주군 표선면 성읍리
- 수량:12기

제주도의 초가
- 지정 번호:민속자료 제82호, 제83호, 제84호, 제85호, 제86호
- 지정 연월일:1978. 11. 14
- 소재지 및 수량
  제82호:성읍리 639, 김순생(3동)
  제83호:성읍리 3180, 김동근(4동)

제84호 : 성읍리 920, 강찬순(3동)

제85호 : 성읍리 632, 강태승(3동)

제86호 : 성읍리 694, 현경생(3동)

이처럼 한 마을 안에 귀중한 문화재가 숱하게 보존되는 예는 다른 마을에서 찾아볼 수 없으며, 따라서 1984년 6월 7일에는 국가 지정 중요민속자료 제188호로서 '성읍 민속 마을'이 지정되기에 이르렀다.

이상의 국가 지정 또는 제주도 지정의 문화재 외에도 성읍 마을에는 숱한 문화재가 깔려 있다. 정의현성(旌義縣城)의 성터, 남산봉에 있는 봉수대, 제주도내에서도 유달리 잘 전해지는 걸궁, 풍성한 전설, 성읍 사람들 특유의 풍류(風流), 복원할 필요가 절실한 옛 관서들, 이 모두가 특유의 문화재들이다.

초가집

성읍리에는 제주도 고유의 초가집들이 고스란히 잘 보존되어 있다. 이는 민속 마을로서의 소중한 자산이다.

이미 국가 지정 중요민속자료로서 조일훈, 고평오, 이영숙, 한봉일, 고상은 가옥 등 다섯 채가 잘 알려져서 관심 둔 이들의 발길이 잦으며, 제주도 지정 민속자료로서 김순생 초가 등 다섯 채가 지정되어 있다. 그리고 성읍리 서상동 일대에는 초가집 동네가 그런 대로 고스란히 보존되어 있다.

여기에서는 중요민속자료로 지정된 다섯 채를 소개하고 성읍리의 가옥 구조를 개관할까 한다.

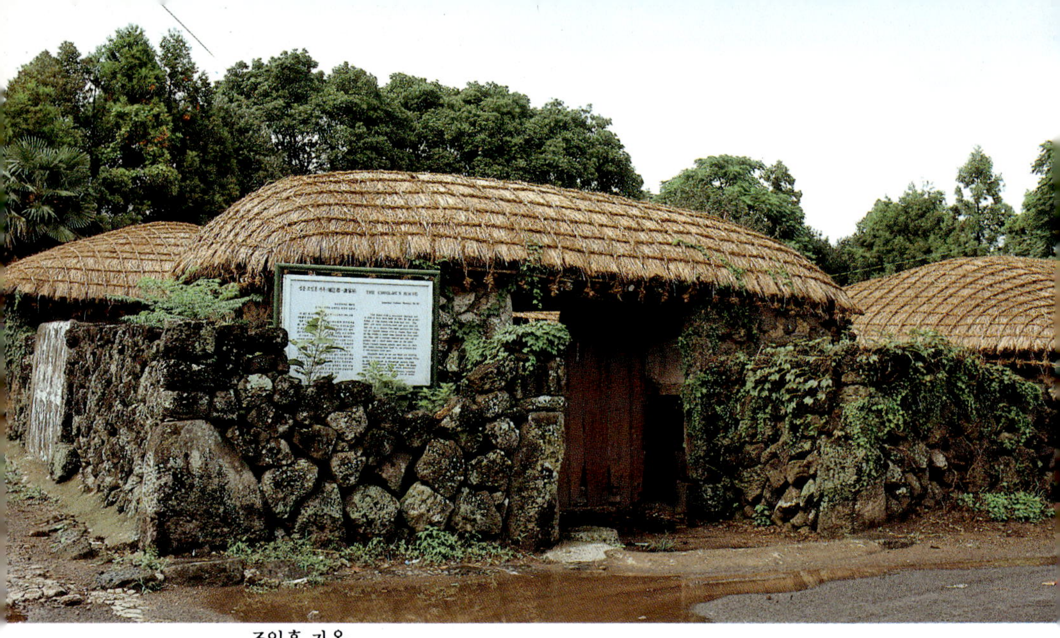

조일훈 가옥

성읍 조일훈 가옥(중요민속자료 제68호)

정의고을의 객사(客舍)였던 성읍국민학교 터 남쪽에 있는 이 집은 본디 객주집이었다고 한다.

325평에 이르는 넓은 터에 안거리, 밖거리, 모커리, 창고, 이문간 등 다섯 채의 건물이 마당을 둘러싸면서 ㅁ자로 알맞게 들어섰다. 창고가 세워진 자리에는 예전에 개인 소유의 말방애(연자매)가 설치되었던 사실도 주목할 만하다.

우영은 마소를 매어 두는 공간으로 쓰였고, 그 공간과 마당과의 사이에는 정낭을 걸쳤었다. 밖거리에는 재래적인 농기구들이 잘 보관되어 있고 마소 물을 먹이던 돌구유 몇 개도 마당 구석에 놓여 있어 독농가의 집으로서 품격을 갖춘다. 또한 동전을 넣어 두는 돈궤도 보관되었음은 객주집이었던 증거로 보인다. 안거리의 문은 근래 변형되었으나 주춧돌이나 받침돌 및 허벅을 얹어 두는 물팡 등은 예스러움을 고스란히 전해 준다.

성읍 고평오 가옥(중요민속자료 제69호)

예전 정의고을의 큰 길이었던 남문길 길가에 위치한 이 집은 이문간이 뚜렷해서 얼른 보더라도 예스럽다.

안거리, 밖거리, 모커리가 ㄷ자로 앉았는데 ㅁ자로 서쪽에 있었던 모커리는 1970년대 중반에 헐렸다.

안거리와 밖거리는 1979년에 보수했는데 원형과는 좀 다르다. 안거리의 호령창은 그대로 남겨졌으나 정지에 있었던 '부섭' 곧 돌을 네모로 둘러박아서 만들어진 붙박이 화로는 진중한 시설인데 사라졌다.

352평에 이르는 넓은 터이며 안거리 뒤에 장독대가 놓이고 동백나무가 헌칠하게 서 있는 공간과 밖거리 뒤에 우영이 있어서 넉넉한 조화를 이룬다.

밖거리는 예전에 관원들이 숙소로 썼던 탓인지 상방이 집 가운데 위치하지 않고 동쪽으로 치우쳐져 있다든가 하는 점이 제주도의 일반적인 집 구조와는 유다르다. 그리고 이 집 입구에는 원님만 마셨다던 우물인 '원님물(남문통)'의 자취가 남아 있어 한결 어울린다.

고평오 가옥

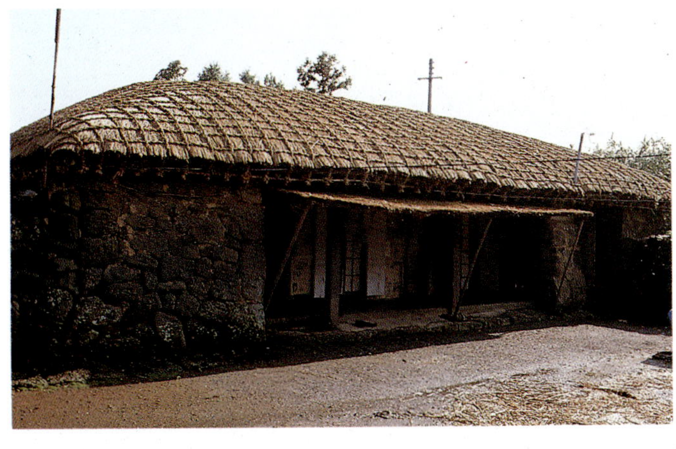

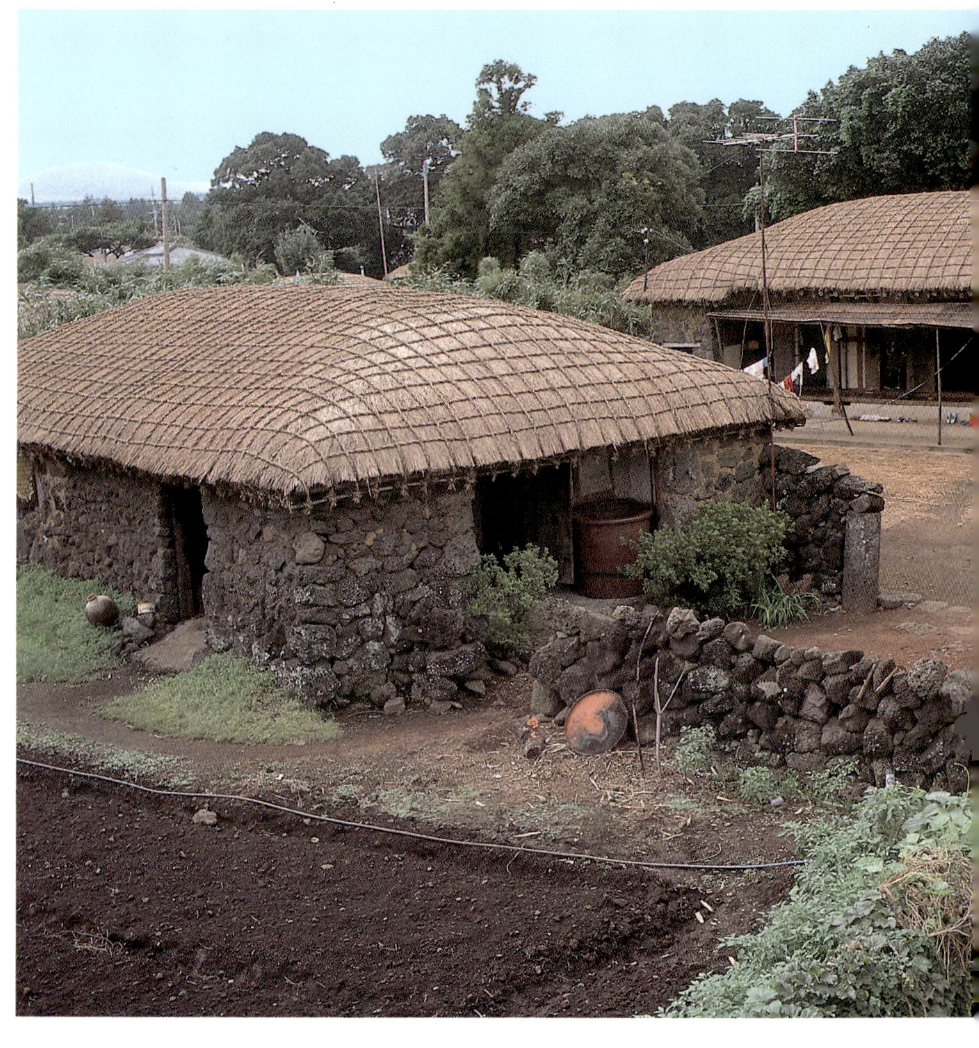

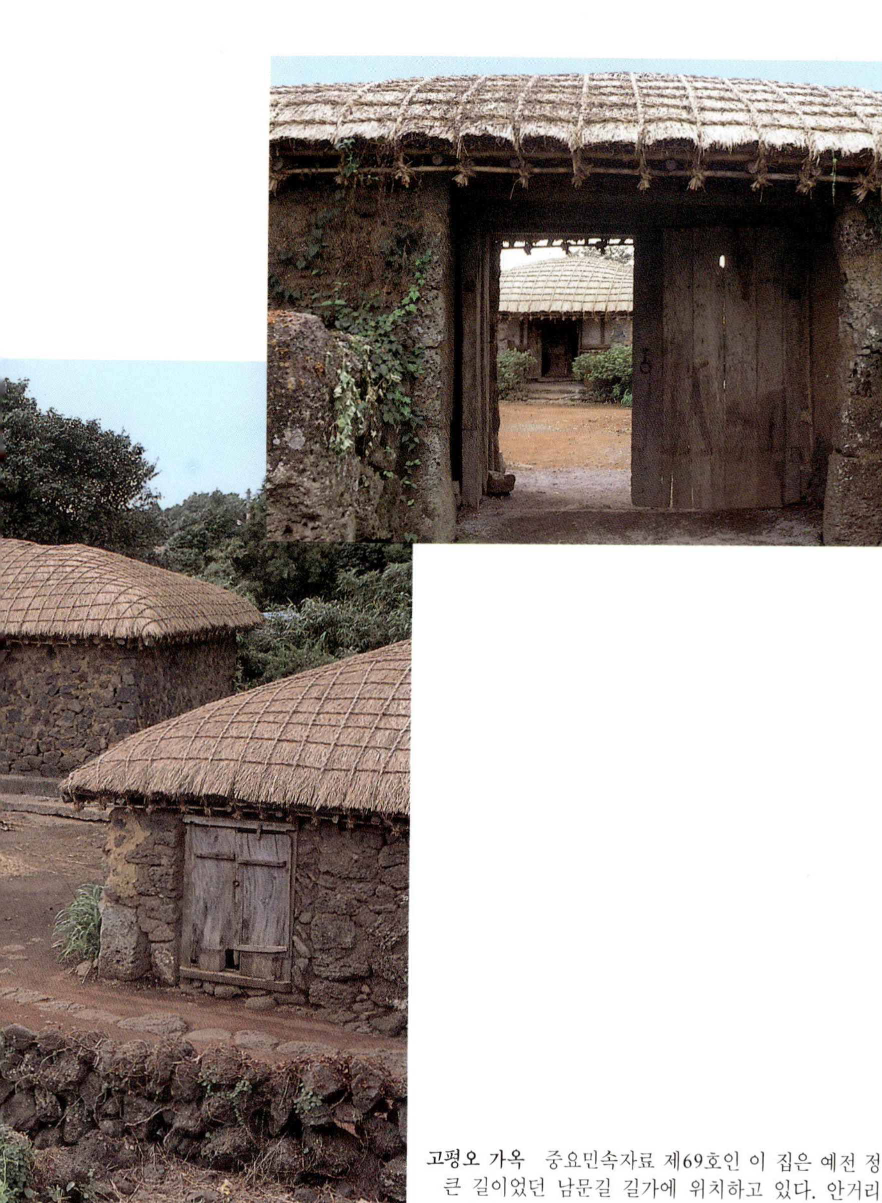

고평오 가옥 중요민속자료 제69호인 이 집은 예전 정의고을의
큰 길이었던 남문길 길가에 위치하고 있다. 안거리, 밖거리,
모커리가 ㄷ자로 앉았는데, ㅁ자의 서쪽에 있었던 모커리는
1970년대 중반에 헐렸다. 왼쪽은 집 전경이고 위는 밖거리를
통해 본 집 안의 풍경이다.

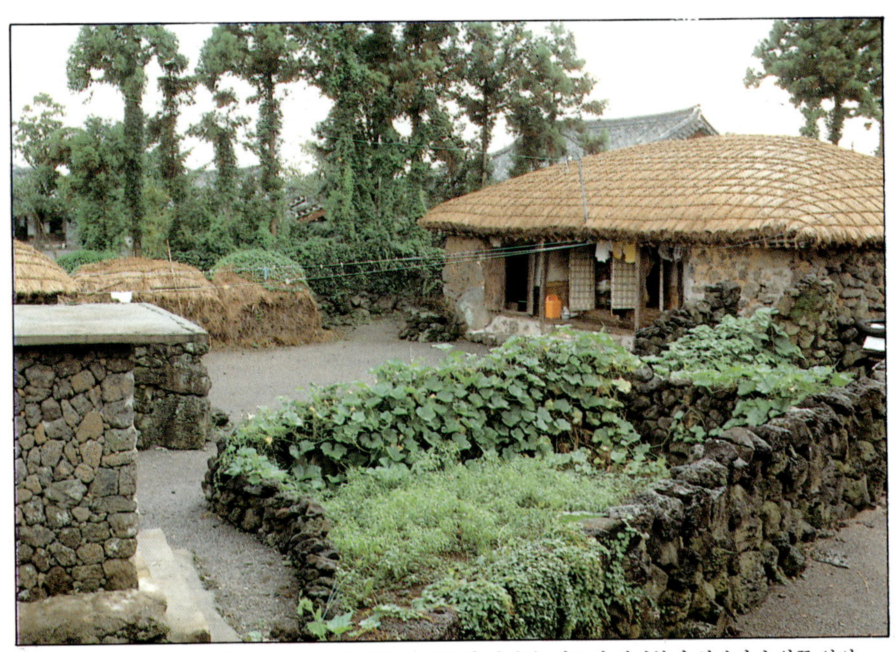

이영숙 가옥 전경　오른쪽 위의 띠지붕이 안거리, 왼쪽의 띠지붕이 헛간이며 왼쪽 앞의 석재 벽 건물은 새로 만든 변소이다.

성읍 이영숙 가옥(중요민속자료 제70호)

정의향교와 이웃해 있는 이 집은 지난날 정의고을의 여인숙이었다고 한다. 따라서 지금도 흔히 '여관집'이라 불리운다.

안거리와 자그마한 헛간채가 마주 앉은 단출한 가옥 형태로 이문간도 없고 정낭도 없다. 안거리는 한라산 산남 지역에서 흔히 볼 수 있었던 전형적인 3칸집이다. 뒷 우영의 공간이 넓고 나무들이 알맞게 자라나서 조화를 이룬다. 정지 앞에는 물구덕(음료수를 나르는 바구니)을 얹어 두는 물팡돌이 너부죽해서 품격이 있다.

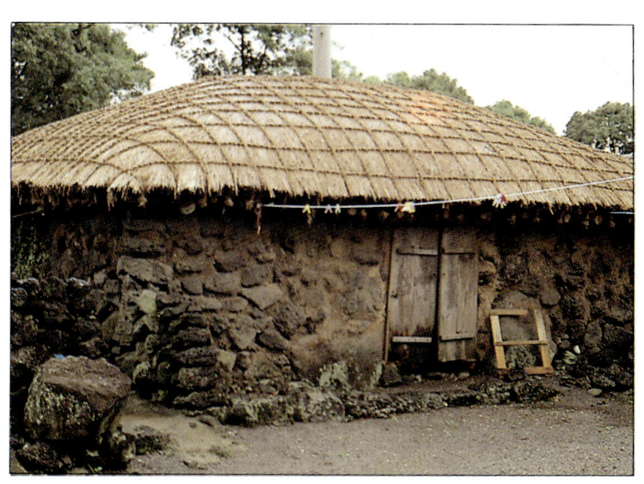

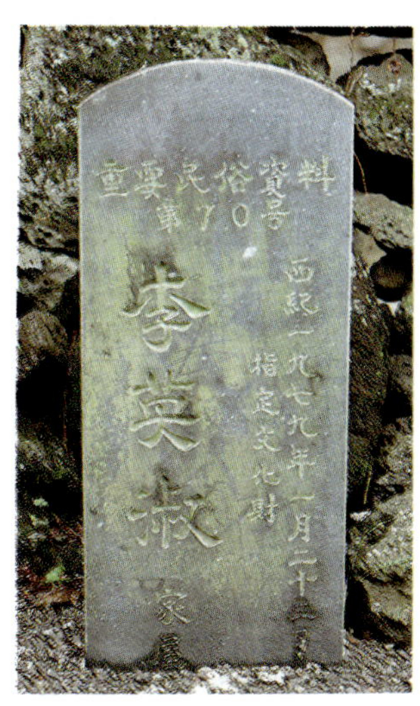

이영숙 가옥 위는 정지로 두짝 열개 널문을 달았으며 정지 앞 왼쪽에 물팡돌을 놓았음 이 보인다. 아래는 중요민속자료 지정 기념 비이다.

성읍 한봉일 가옥(중요민속자료 제71호)

이 집은 주변 경관이 고즈넉하고 알뜰한 곳에 위치해 있다. 이문
간으로 들어서는 공간과 뒤뜰에 헌칠하게 자라는 나무들이 아주
운치 있다.

헛간과 쉐막(외양간)이 달려 있는 의젓한 이문간에 들어서면
좌우에 안거리와 밖거리가 마주 앉았다.

안거리에는 재래식 온돌인 굴묵으로 통하는 다른 문을 두지 않고
난간 쪽을 이용하여 출입하는 한라산 남쪽의 집 모습을 잘 드러내

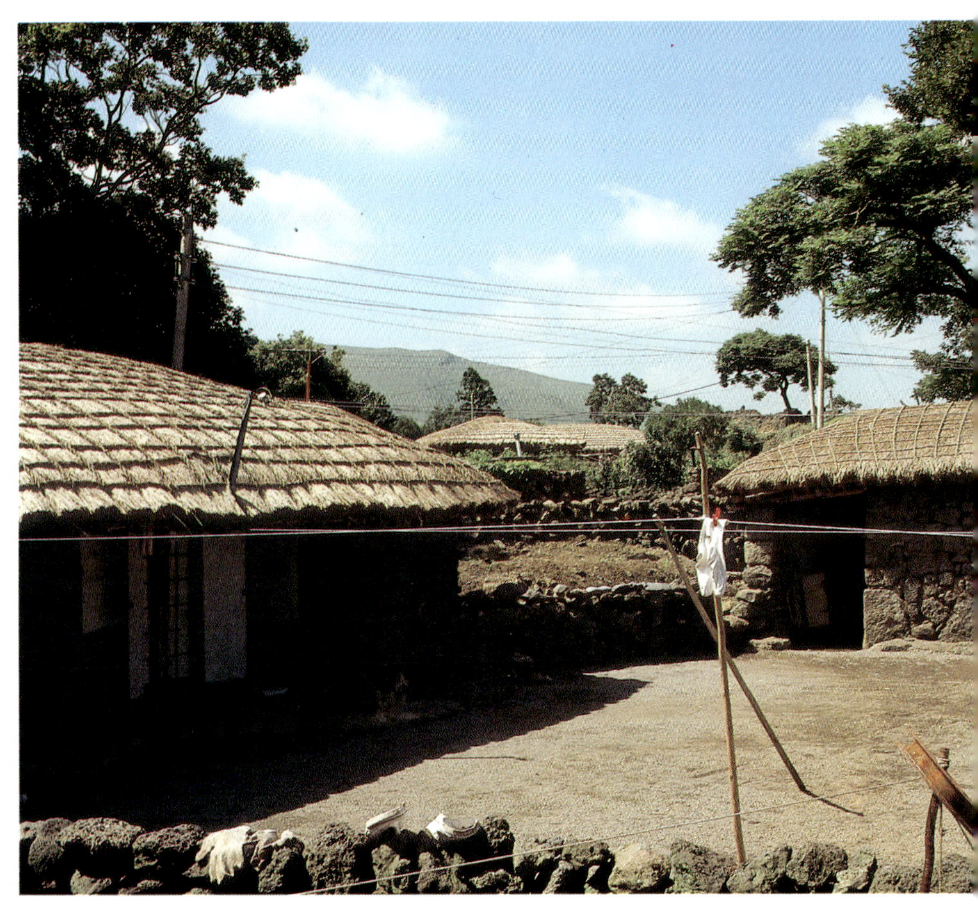

준다. 안팎거리 모두 3칸집인데 밖거리는 상방을 앞뒤가 트이게
꾸미지 않고 상방 뒤쪽에 '작은 구들'을 배치한 점이 특이하다.
　길보다 조금은 나지막한 이 집 마당에 들어서면, 북쪽 초가집
지붕들 사이로 내다보이는 영주산이 의젓하여 아늑한 풍경을 자아
낸다. 동쪽으로 정의성 성터와 접해 있는 이 집은 주변과 공간이
조화롭고, 가라앉은 느낌을 느끼게 한다.

한봉일 가옥　안거리와 밖거리로 구성된 이 집은 도로보다 낮은 위치에 자리하였다.
（왼쪽, 오른쪽）

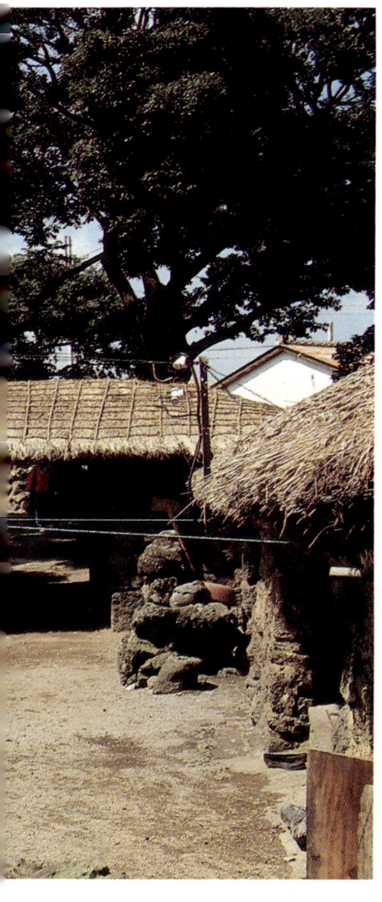

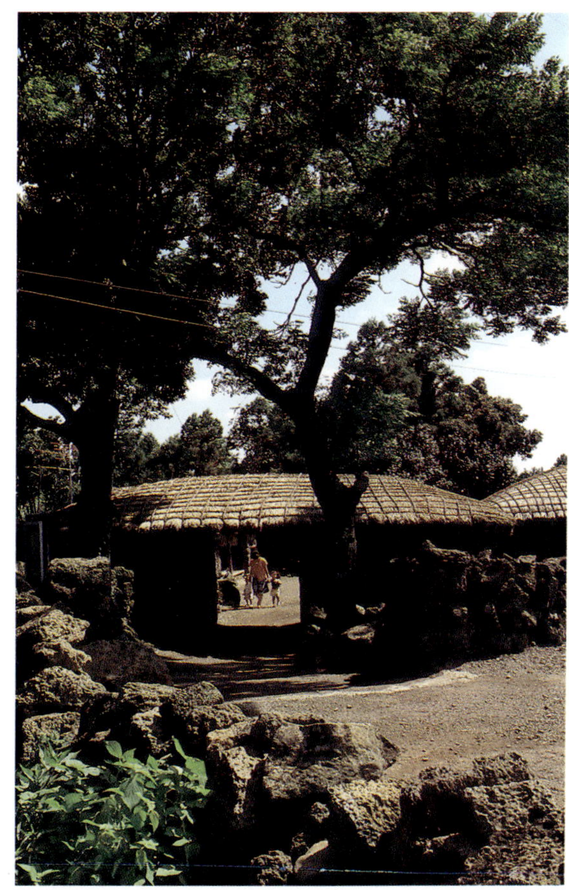

성읍 고상은 가옥(중요민속자료 제72호)

이문도 없고 우영 같은 공간도 전혀 없는 이 집은 중요민속자료 고평오 가옥과 이웃하여 있다.

ㄱ자로 안거리와 모커리만으로 단조롭게 이루어진 이 집은 예전에 대장간으로 쓰였다고 한다. 안거리 건물 자체가 대장간이었으므로 안거리 평면의 간살은 아마도 나중에 시설된 듯하며 모커리의 정짓간 역시 근래에 꾸민 것이다.

안거리가 대장간으로 쓰이던 당시의 가옥 구조는 상방, 작은 구들, 정짓간의 구별이 없이 통간으로 이루어진 것이었으리라 짐작된다. 또한 대장간 한가운데는 땅에 기둥 뿌리를 묻는 생깃기둥(상기둥)을 세우고 비스듬히 대들보를 얹었던 원초적인 가옥 형태였을 듯하다. 원님만 마셨던 '원님물' 터가 바로 이 집 맞은편에 있다.

고상은 가옥 길가에 자리한 이 집은 대장간이었으므로 주거용의 구성이라기보다는 작업 공간의 단출한 형태였다.

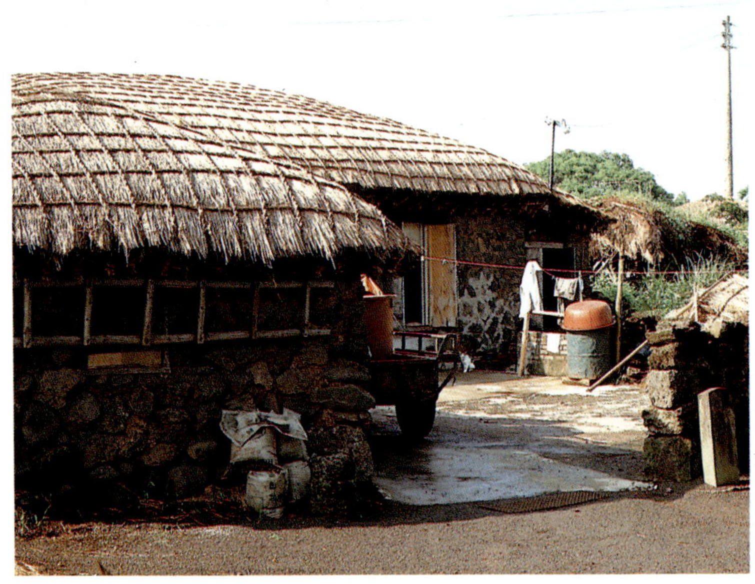

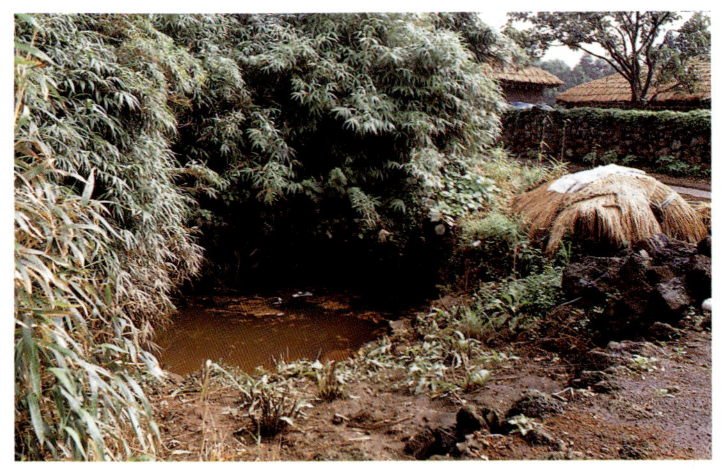

원님물 원님만 마셨던 이 물은 고상은 가옥 맞은편, 고평오 가옥 가까이에 있다.

위 다섯 채 외에 성읍리의 김순생, 김동근, 강찬순, 강태승, 현경생 집들이 제주도 지정 민속자료로 보존되고 있다. 다음에는 성읍리 초가집들의 일반적인 가옥 구조를 외형적 측면에서 대충 살피기로 한다.

1973년 문화재관리국의 의뢰에 따라 민속자료 보호 구역 조사 보고서 제55호로 「정의고을」을 낼 때 조사해 본 결과 전문적인 분석은 피하더라도 그 외형상으로 몇 가지 특징을 헤아릴 수 있게 되었다.

첫째, 성읍리에서는 한 울타리 안에 건물이 여러 채 들어앉은 경향이 짙다. 그 당시로 보아 표1 과같이 한 집안을 이루는 울타리 수는 216인데 건물 수효는 663채이므로 울타리 안 건물 수 평균은 3.07채로 드러난다.

다른 마을 통계가 없으므로 확언할 수는 없으나, 한 울타리 안에 비교적 여러 채의 건물이 들어앉은 편이 아닌가 한다. 말하자면

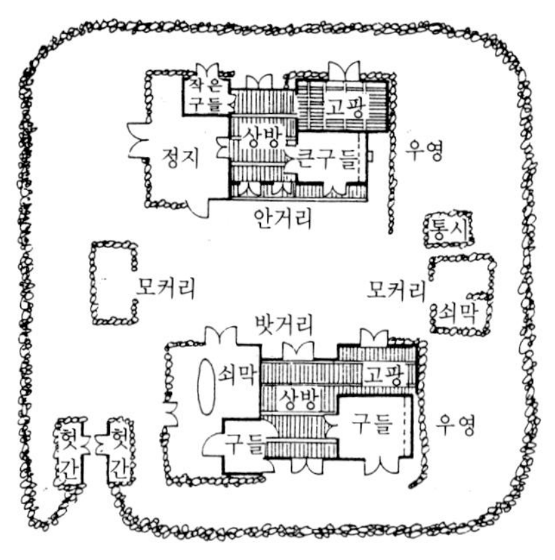

〈자료:장보웅〉

제주도의 전형적인 상류 가옥으로 보이는 남제주군 성산면 수안리에 있는 집의 평면도이다. (김광언, 1988,「한국의 주거민속지」대우학술총서 인문사회과학 29, p.469.)

제주도 농촌의 가옥이 한 집안에 들어설 때 안거리(안채)와 밖거리(바깥채) 두 채로 이뤄진 경우가 많고, 이른바 '모커리'가 가로 세워진 집안이 더러 있을 정도가 제주도 마을의 일반적인 가옥 구조라 한다면, 성읍의 경우는 한 울타리 안에 4채 이상의 건물이 서는 집안이 많다. 따라서 오백 년 도읍지로서의 면모가 담긴 가옥 구조를 보이고 있는 것으로 생각된다.

〈표1〉 성읍1리 울타리 안 건물 수

울타리 안 건물 수	1채	2채	3채	4채	5채	6채	계
울타리 수	28	77	71	33	6	1	216
건물 수	28	254	213	132	30	6	663
건물 수 백분율 (%)	4.2	38.3	32.1	19.9	4.5	0.9	100

- 1973년 7월말 현재
- 자료:현지 조사

둘째, 성읍 마을의 경우는 다른 마을에 비하여 노천 변소가 적다. 변소마다 거의 초가지붕으로 단정히 이어졌다. 노천 변소를 일소한 다는 행정 당국의 종용이 있기 전부터 이 마을에는 지붕을 갖춘 변소가 많았다. 이런 사실 또한 지난날 도읍지 주민으로서의 긍지가 깔린 결과가 아닐까.

셋째, 성읍리의 거리는 골목이나 올래(오래)가 규모 있고 시원시원하게 뚫렸다. 골목길이라 하더라도 지나치게 옹졸하거나 좁지 않다. 이 역시 고을로서의 한갓 품격일 터이다.

성읍리를 민속 마을답게 이끄는 열쇠는 유다른 문화재와 더불어 아직도 초가집이 흔하게 보존되어 온다는 점이다. 1973년 현재 조사 확인된 성읍 가옥의 지붕 구조는 표2와 같다.

〈표2〉 성읍1리 가옥의 지붕 구조

항목 \ 지붕 구조	초가	함석	스레트	초가·스레트 혼용	초가·함석 혼용	기와	계
울타리 수	168	3	7	30	8	-	216
백분율(%)	77.8	1.4	3.2	13.9	3.7	0	100

- 1973년 7월말 현재
- 자료:현지 조사

표2에 따르면 울타리 안에 초가 건물만으로 이루어진 집안이 77.8%에 이르고 있으므로 초가를 지탱하는 비율은 다른 마을에 비하여 단연 압도적이다. 그런데 한 가지 뜻밖의 사실은 정의현청 청사였던 일관헌(日觀軒)을 빼면 오백 년 동안의 도읍지였음에도 불구하고 기와집이 한 채도 없다는 사실이다.

성읍마을 사람들의 일상적인 삶에 불편을 끼치지 않으면서 주민들의 자존 의식에 터전하여 어떻게 합리적으로 전통 초가를 고스란히 보존해 나가느냐 하는 것은 우리의 커다란 숙제다.

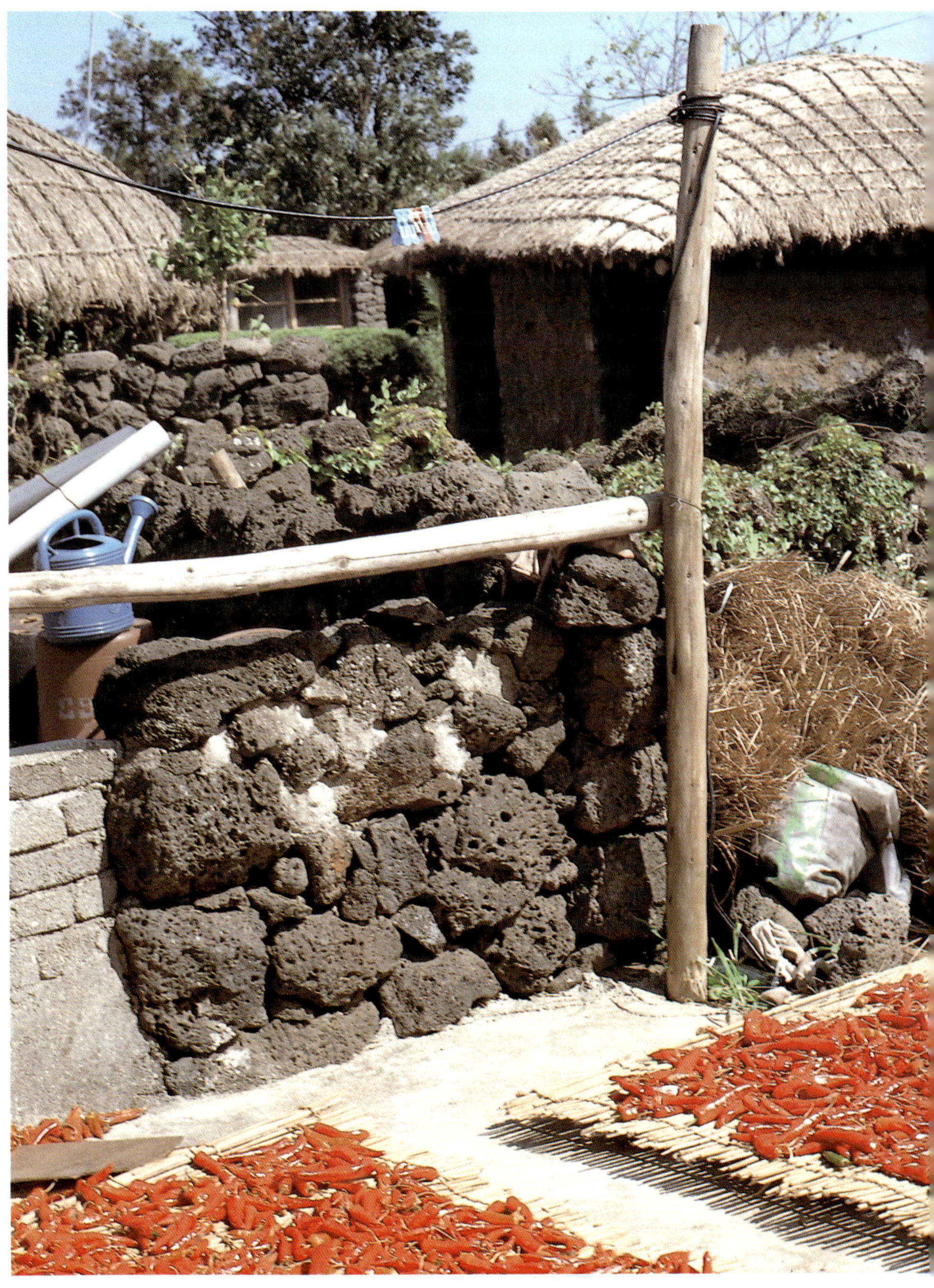

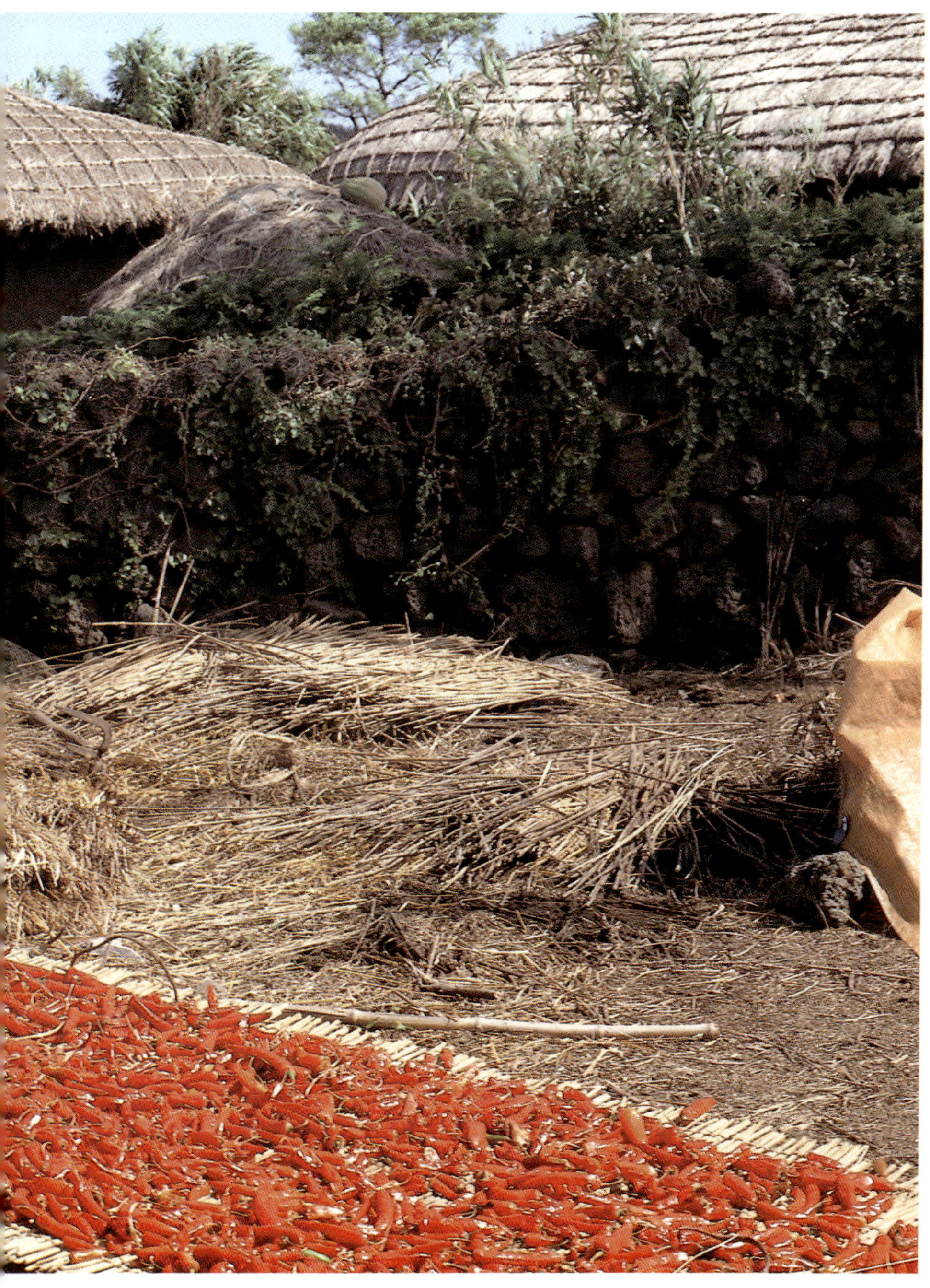

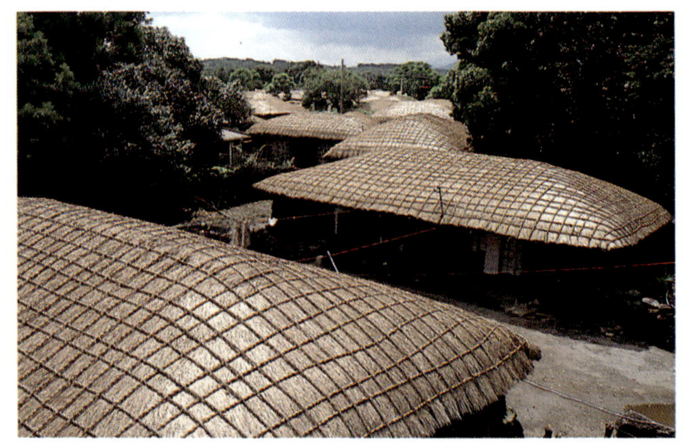

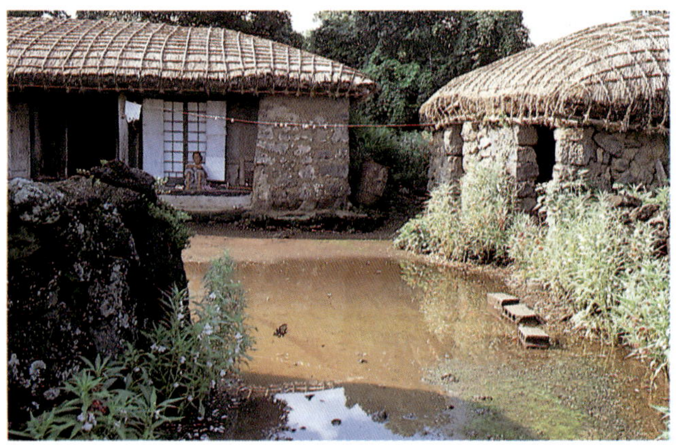

초가 풍경 성읍리를 민속 마을답게 특징짓는 것들로는 유다른 문화재와 더불어 지금
도 초가집이 흔하게 보존되어 있다는 점이다. 또한 정의현청 청사였던 일관헌을 빼
면, 오백 년 동안의 도읍지였음에도 불구하고 기와집은 단 한 채도 없음이 특징이기
도 하다(앞, 왼쪽, 오른쪽)

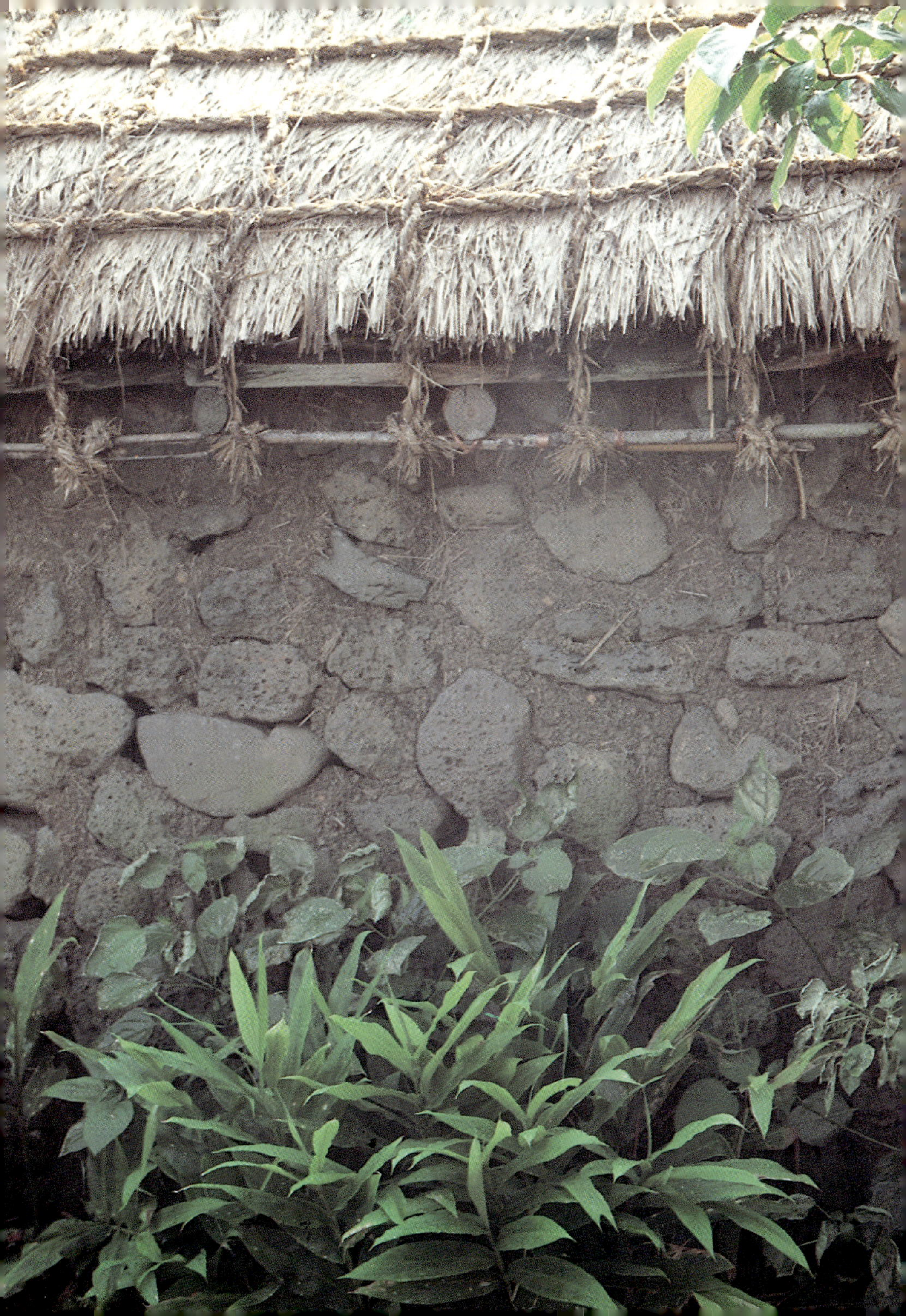

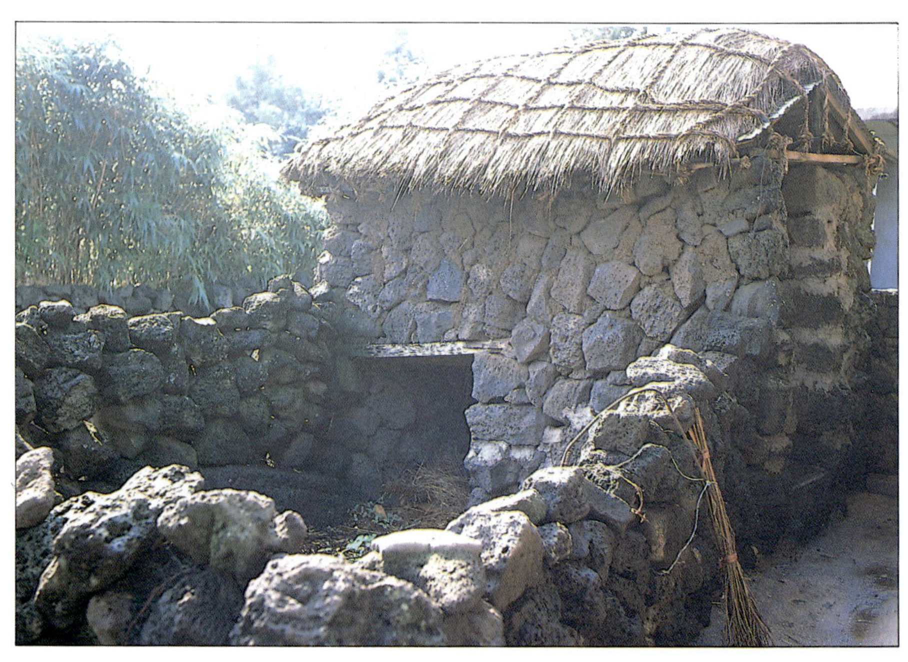

통시 제주도의 뒷간은 '통시'라고 부르며 돼지우리와 함께 있다. 사람의 똥은 돼지 먹이의 일부가 되는데 통시를 돝통이라고 부르는 것도 이 때문이다.

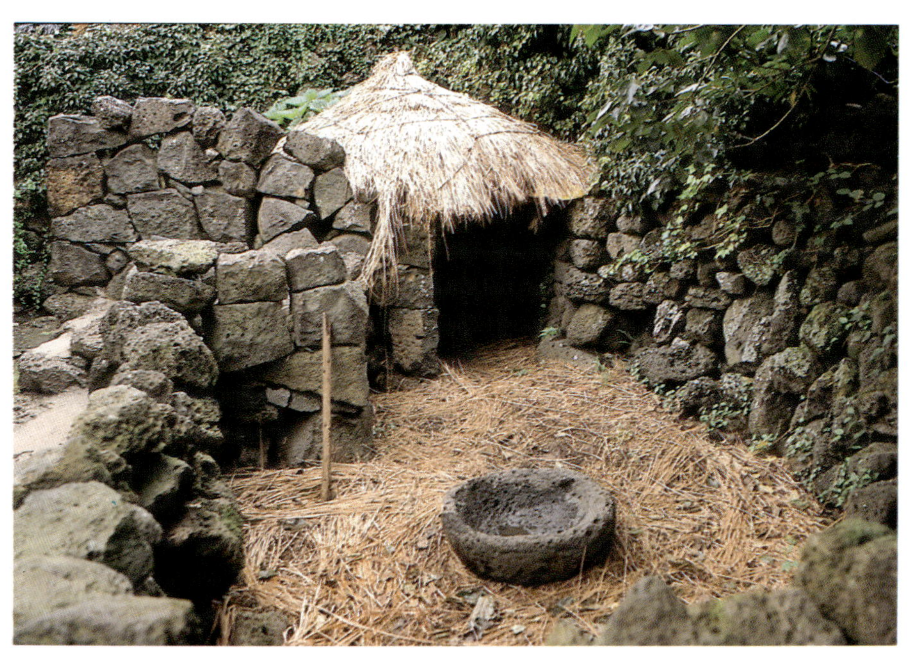

통시 역시 돼지우리와 함께 있는 통시이다. 이런 형태는 제주도뿐만 아니라 경상남도
   지역에도 있었다.

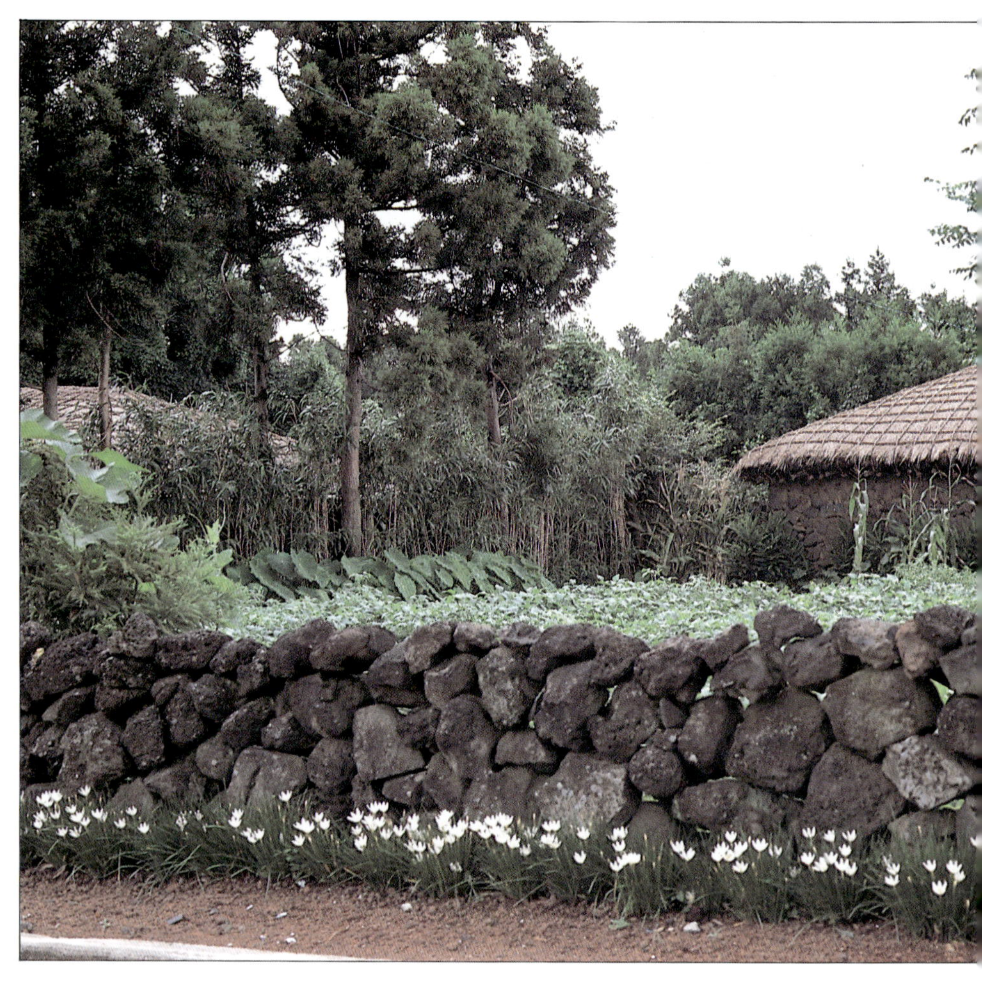

올래 성읍의 골목이나 올래는 규모 있고 시원시원하게 뚫렸다. 골목길이라 하더라도 지나치게 옹졸하거나 좁지 않음이 고을로서의 품격을 더해 준다. 왼쪽은 집 앞의 길에서 바라본 집 전경이고 오른쪽은 집과 집 사이의 길이다.

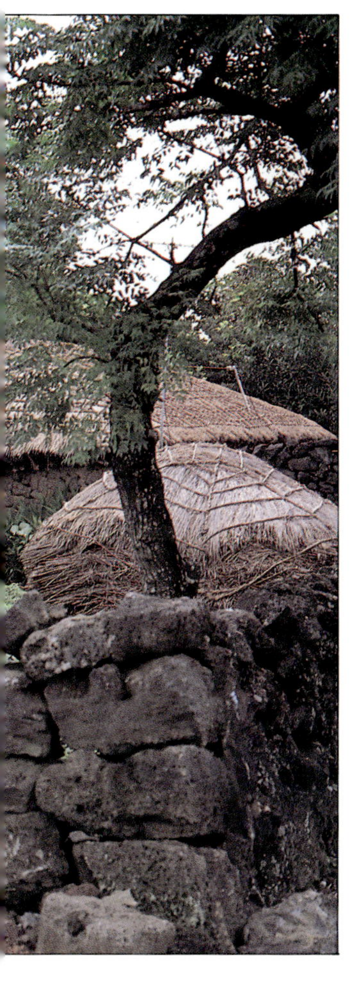

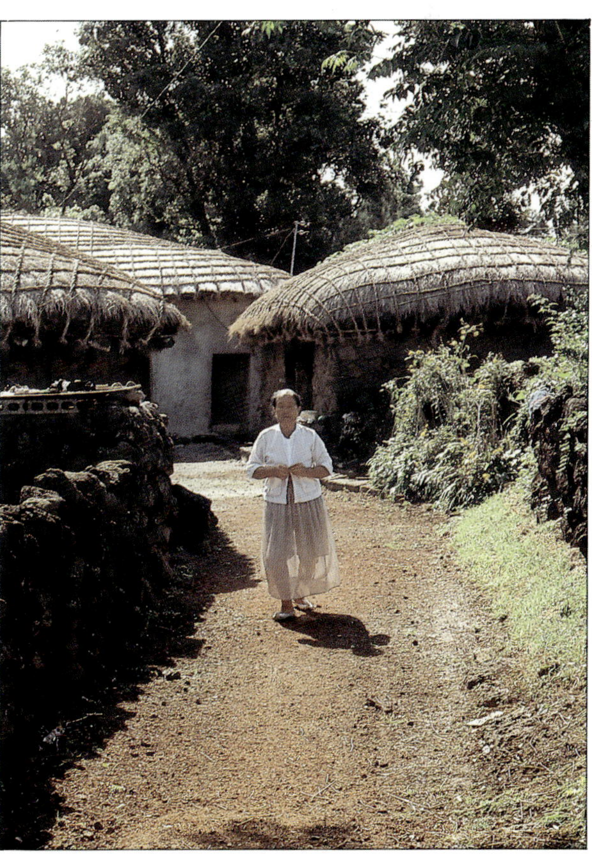

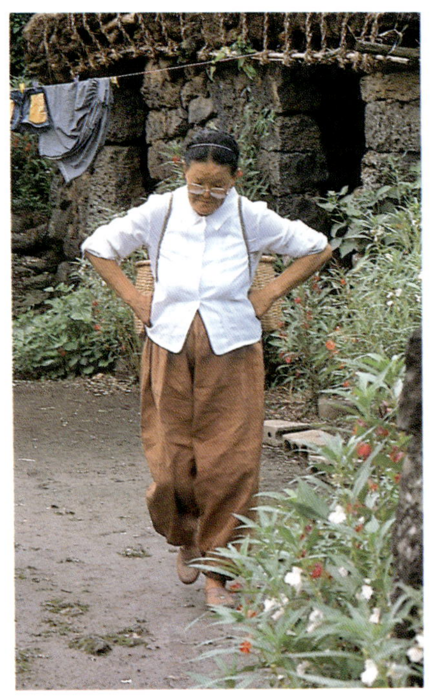 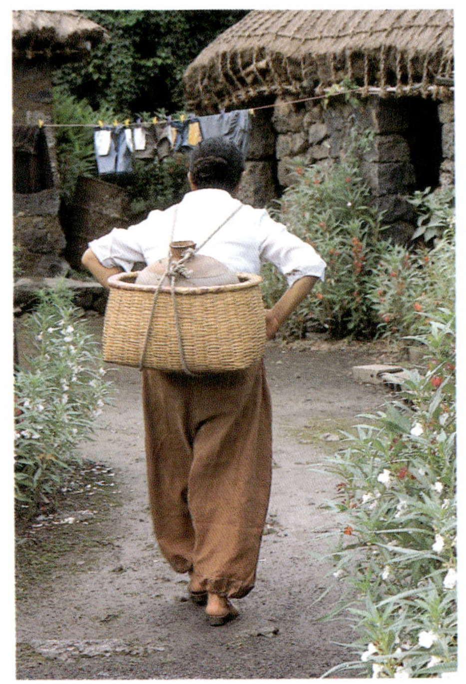

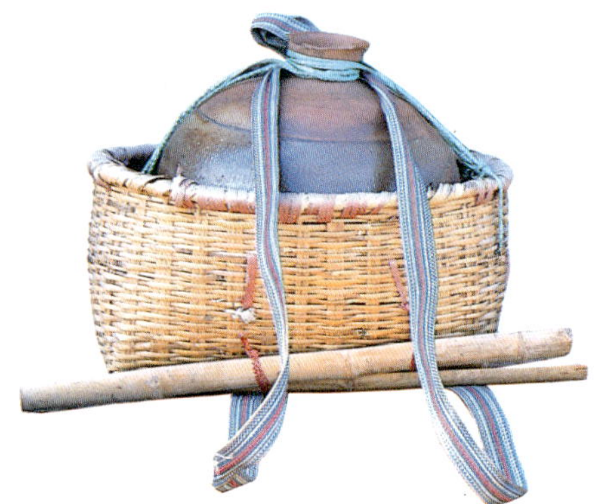

물허벅과 물구덕 구덕은 물건을 담아 등에 맬 수도 있는 바구니와 같은 것이고, 물허벅은 물을 담는 용기(容器)이다. 위는 물허벅을 맨 모습이고 아래는 물구덕과 물허벅이다.

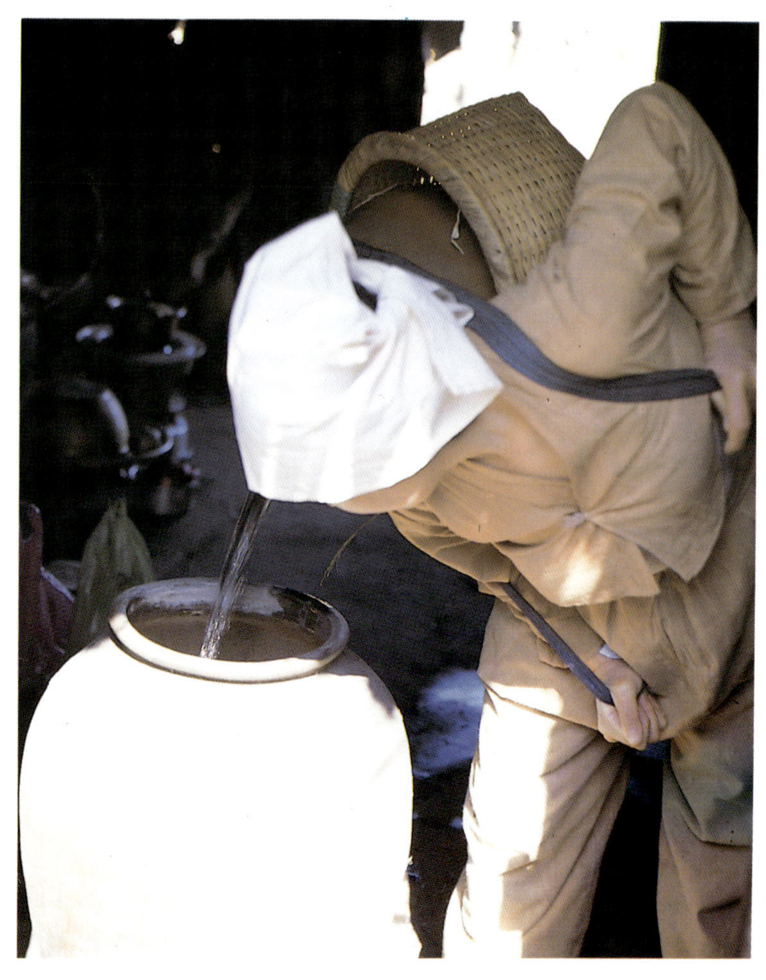

물긷기 샘이나 우물에서 길어 온 물을 항아리에 붓는 모습이다. 물구덕 속에 물허벅이
넣어진 채로 기울여진다.

정낭   집 밖으로 통하는 대문의 구실을 하는 것이다. 담과 담 사이에 가로로 나무를
꽂아 동물의 출입을 막는 구실도 한다. (왼쪽, 오른쪽)

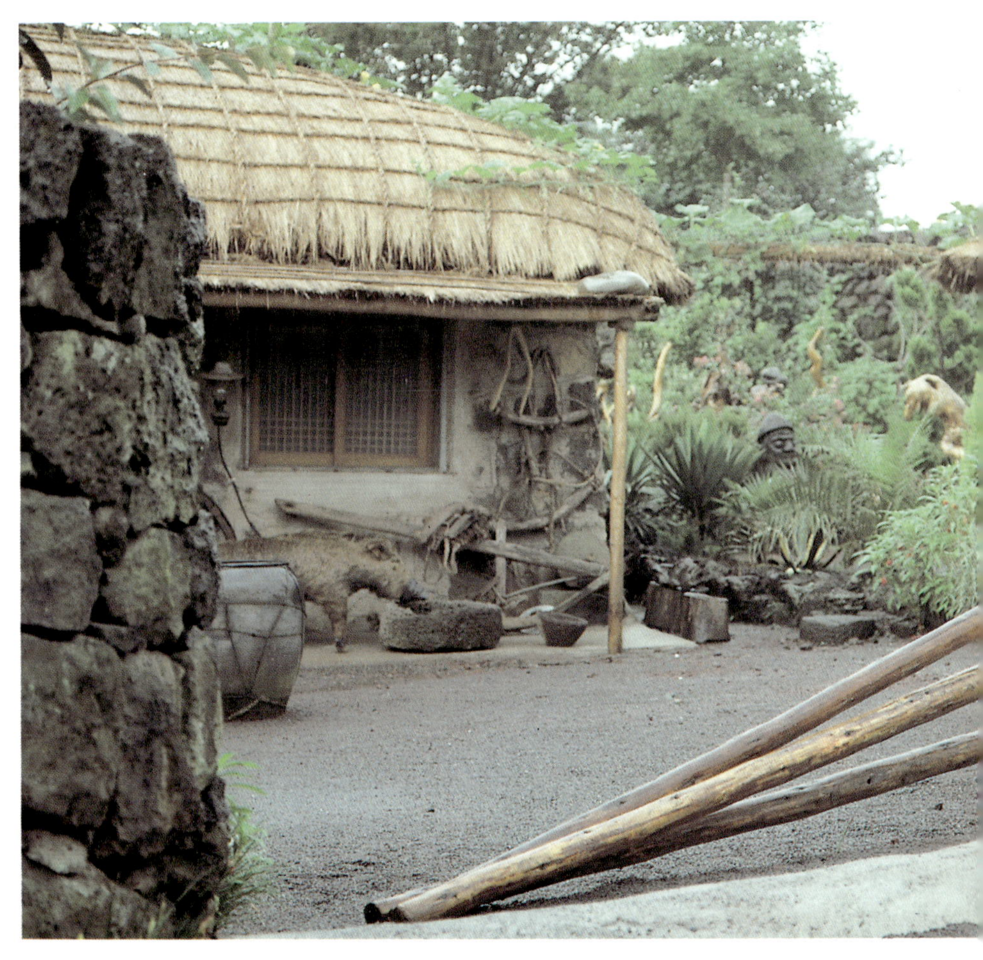

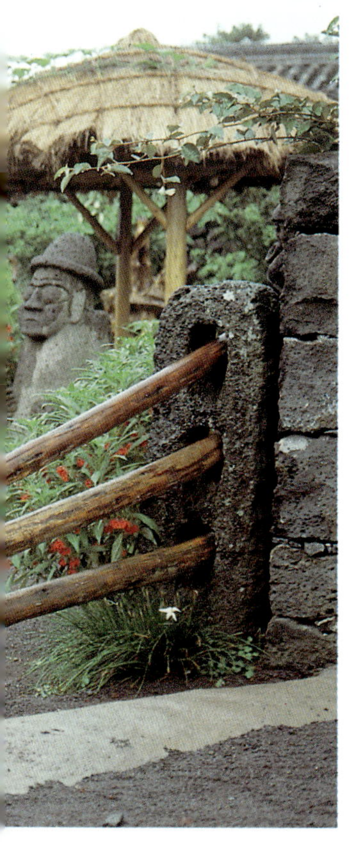

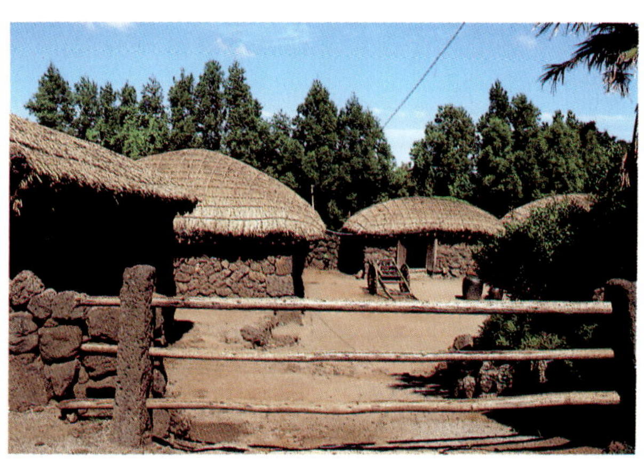

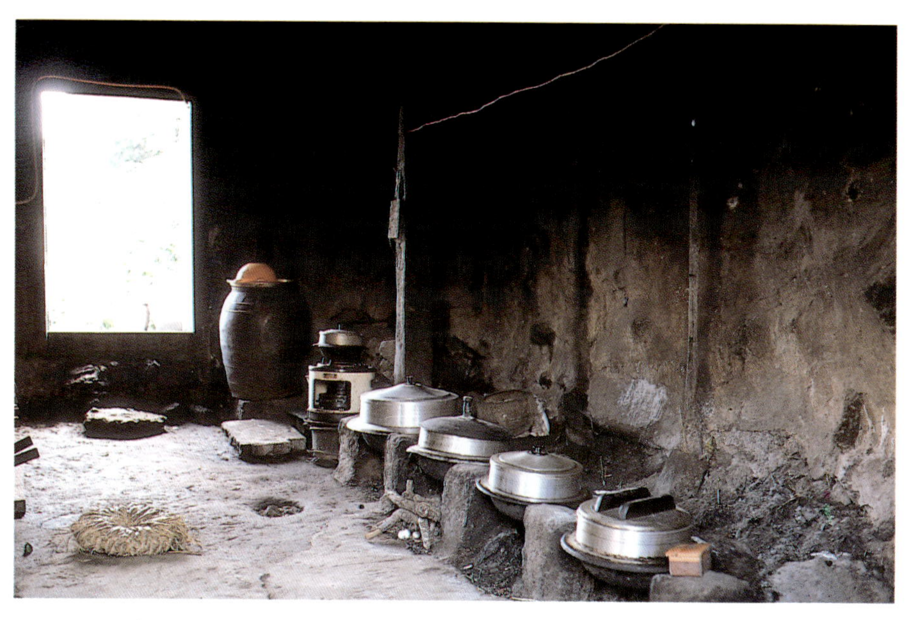

정지 정지가 너른 것은 날씨가 춥거나 비가 올 때 이곳에서 작업을 하기 위해서이며 4~5개의 솥을 한 줄로 걸어 놓았다. 솥과 벽 사이의 재 모으는 데를 '솥뒤광'이라 부른다.

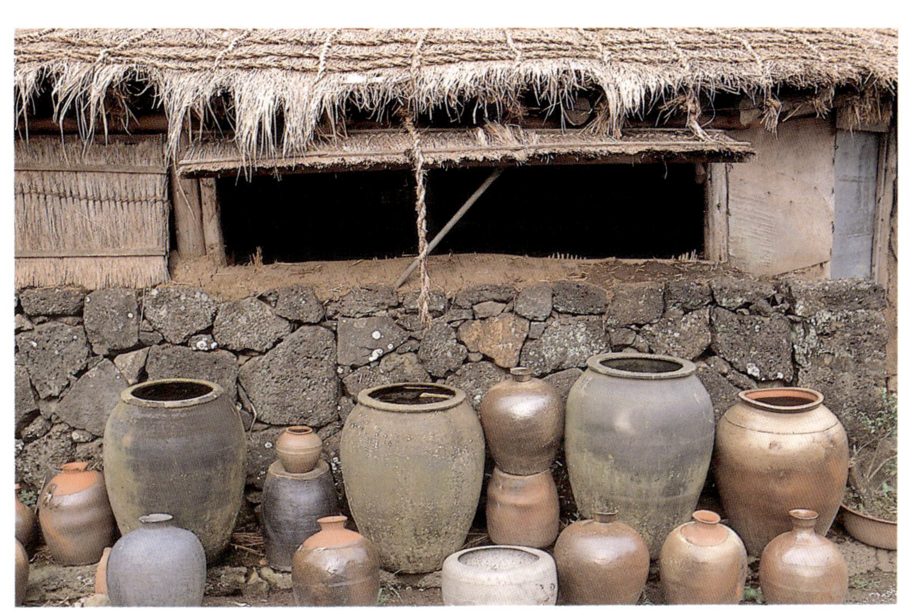

장독 돌로 쌓은 벽체의 위에 창을 낸 건물 앞의 장독대이다. 커다란 독과 물허벅들이
함께 있어 여느 지방의 장독대와는 다른 모습이다.

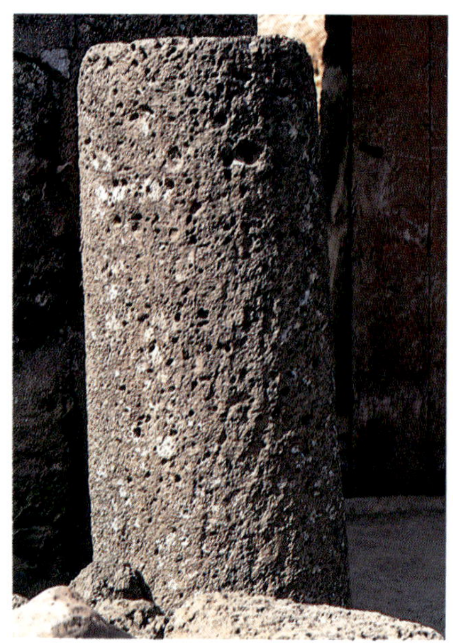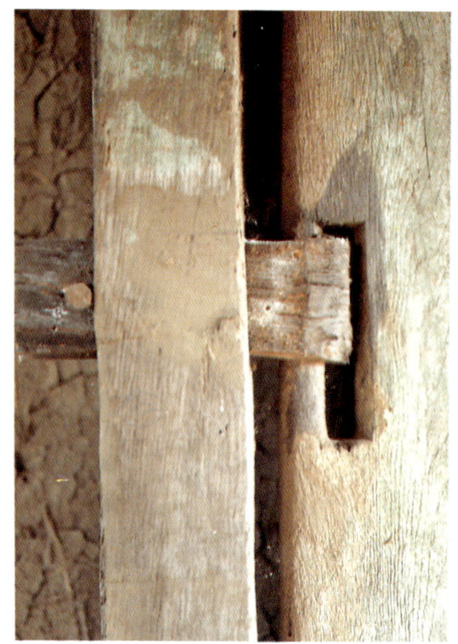

돌기둥 제주도는 바람이 많고 비가 센 곳이므로 주추가 높다. 성읍에 남아 있는 돌주추도 40센티미터가 넘는 높이를 지니고 있다.(왼쪽)

돌쩌귀 제주도에서는 문설주에 쇠로 만든 돌쩌귀 대신 나무를 쓰기도 한다. 성읍 민가의 문에 있는 돌쩌귀이다.(오른쪽)

느티나무와 팽나무

천연기념물 제161호로 지정된 성읍리 느티나무 및 팽나무는 마치 이 마을의 눈동자처럼 마을 한복판에 뚜렷이 서 있다. 곧 예전에 현감 또는 군수가 정사를 보던 정의현청인 일관헌 주변에 천년의 오랜 연령을 머금은 느티나무 한 그루와 팽나무 몇 그루가 헌칠하게 서 있음으로써 마치 원의 중심을 이루듯 마을의 균형이 잘 잡히고 한결 운치를 돋군다.

문헌에 따르면 고려 충렬왕 무렵에도 성읍 마을 일대에는 헌칠한 나무들이 빽빽이 들어섰다고 한다. 그러나 오늘날 성읍 마을 안에는 이 몇 그루의 느티나무와 팽나무밖에 그처럼 오래 된 나무들이 없다. 아마도 천연기념물로 지정된 이 몇 그루의 나무들은 일관헌 주변에 있기 때문에 베지 않고 오늘날까지 보존된 것이 아닌가 한다.

느티나무는 한 그루가 남았는데 높이 15미터, 밑둘레는 5.3미터이며, 땅 위 1미터쯤 해서 가지가 갈라져 나갔고 수관(樹冠)은 사방으로 11미터쯤 뻗어 나갔다. 제주도에서 '굴무기'라고 부르는 느티나무는 워낙 단단하고 아름다운 무늬를 간직했으므로 예부터 귀중한 건축 재료 또는 가구를 만드는 재료로 쓰여져 왔다. 오늘날 제주도 내에는 느티나무가 드물 뿐더러 성읍리 느티나무가 가장 오래 된 것이다.

팽나무들은 그 높이가 10~18미터, 나무 둘레 2.5~4.5미터에 이르는데 한 나무에는 둘레 2.2미터에 이르는 커다란 생달나무가 팽나무 사이에 끼어 자라며 둘레 50센티미터에 이르는 송악이 팽나무를 감고 올라가고 있어서 한층 웅장하게 보인다.

이 느티나무를 둘러싸고 속신(俗信)도 전승된다. 곧 느티나무의 이파리가 동쪽으로부터 돋아나기 시작하면 성읍리 동쪽 지방에 풍년이 들고, 서쪽으로부터 돌아나기 시작하면 성읍리 서쪽 지방에 풍년이 든다는 것이다. 그리고 이파리가 한가운데부터 돌기 시작하면 성읍을 중심으로 풍년이 든다고 한다. 느티나무 밑쪽에 패인 홈이 있고, 이곳에는 빗물이 고이기도 하는데 그 빗물은 눈병에 효험이 있다고도 전해진다.

느티나무 천연기념물 제161호인 이 나무는 높이 15미터, 밑둘레 5.3미터이다. 제주도 내에는 느티나무가 드문데, 성읍의 느티나무가 가장 오래 된 것이다. (왼쪽)
팽나무 높이가 10미터를 넘고, 밑둘레 3미터를 넘는 이 나무는 느티나무와 함께 흡사 두 개의 눈동자처럼 마을 한복판에 뚜렷이 서 있다. (오른쪽)

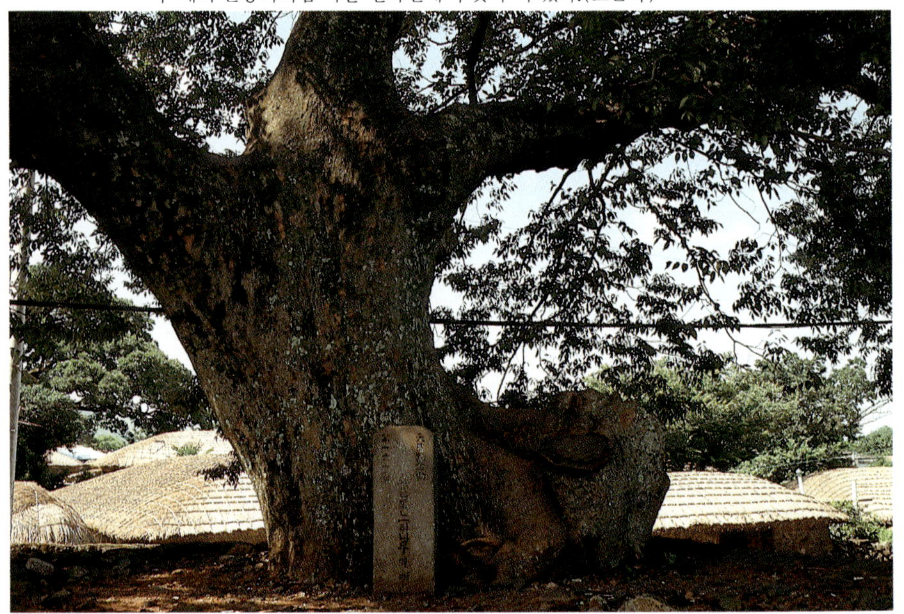

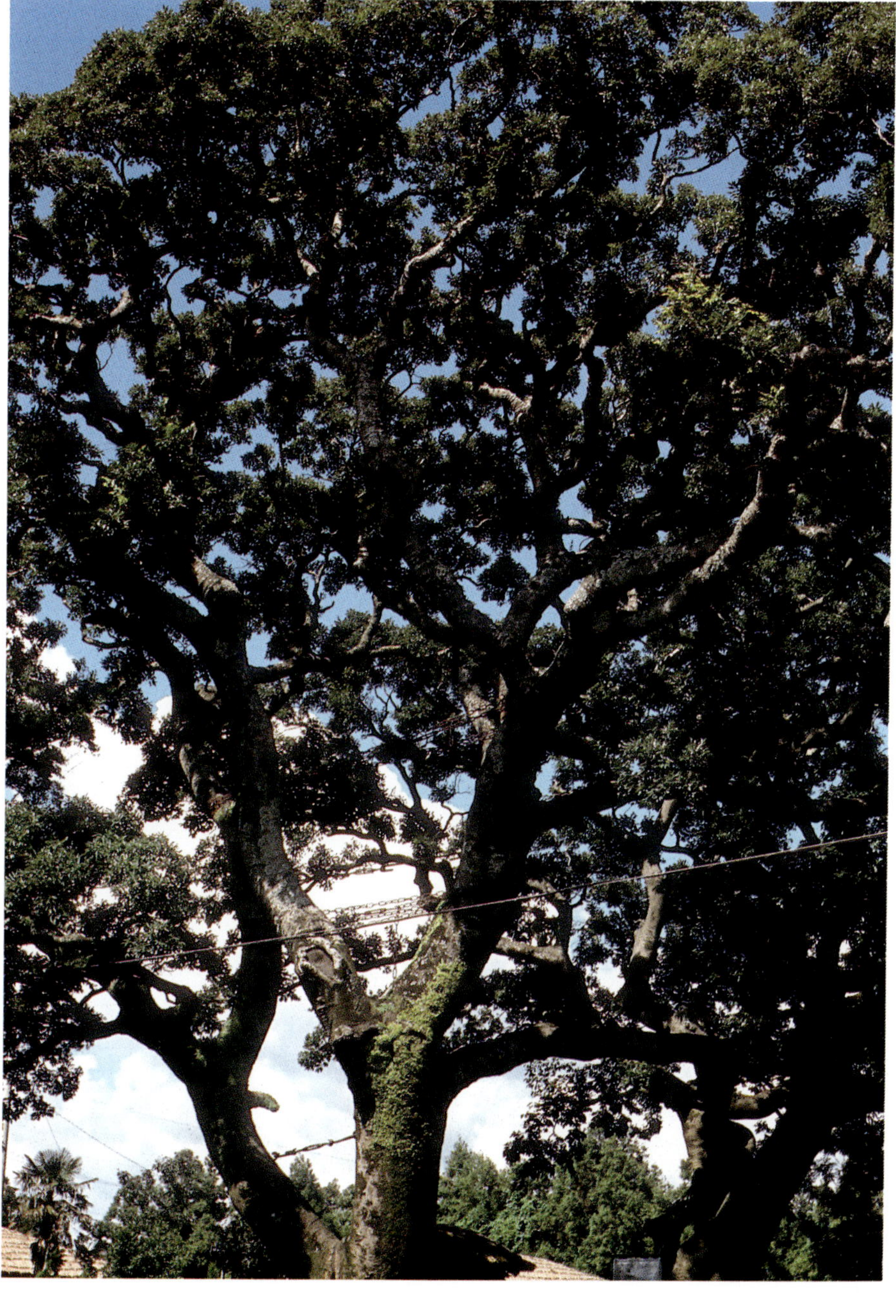

정의향교(旌義鄉校)와 일관헌(日觀軒)

정의향교

제주도내의 향교는 15세기 초 제주목, 대정고을 및 정의고을 세 군데에 세워져서 오늘날까지 전해진다.

성읍향교의 대성전은 1423년(세종 5) 현청소재지를 성산읍 고성리로부터 성읍으로 옮길 때 창건된 것이다. 그리고 성읍향교의 명륜당은 1738년(영조 14)에, 명륜당 남쪽의 서당은 1778년(정조 2)에 세워졌다. 성읍향교는 몇 차례의 이사를 거듭하다가 1849년(헌종 15) 장인식 목사 때에 지금의 위치로 옮겨졌다.

예전 향교에서의 제전은 공자탄일 등 한 해 몇 차례씩 치렀고 정의현 관내 여러 마을에서 몰려들어서 아주 성대히 베풀었다. 일제 때 몇 해 동안은 일제의 민족성 말살 정책의 통제를 받아서 제전을 오직 한 해 한 번만, 곧 공자탄일에만 치르도록 못박았는데 광복이 되자 이런 구속에서 풀렸음은 물론이다.

원래 정의향교의 재산은 대단했던 것으로 알려진다. 도내 곳곳의 널따란 전지를 정의향교 재단의 재산으로 간직하다가 성읍보통학교를 건립할 때 그 비용으로 쓰인 것으로 전해진다. 이렇게 정의향교의 재산을 팔고 보니 구한말 때만 하더라도 제향비 조달에 큰 어려움을 겪었고, 광복 후에 이르렀어도 재일교포의 도움을 얻기까지 했었다.

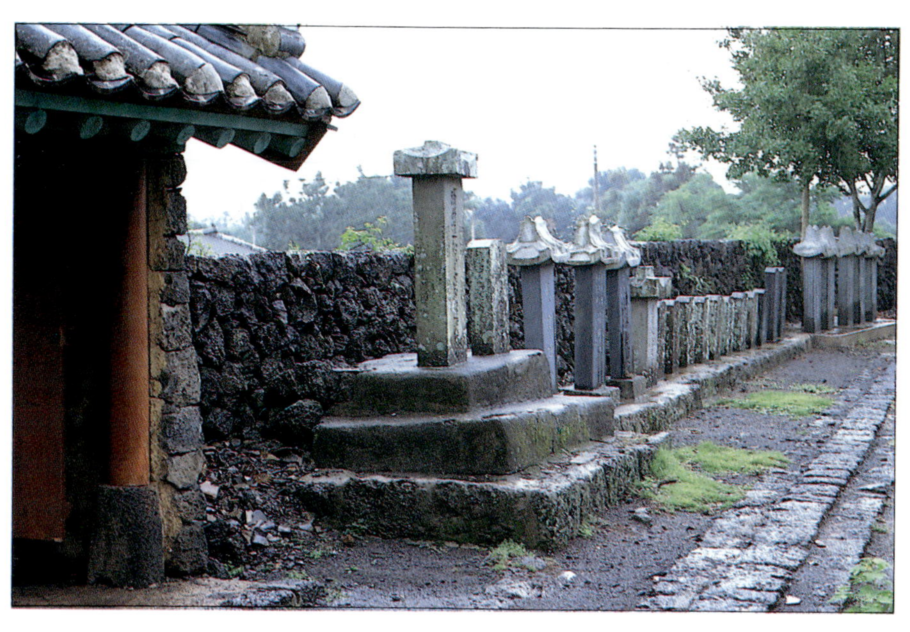

정의향교 비군(碑群) 제주도 지정 유형문화재 제4호이다. 이 비석들은 제주도내에 세워졌던 3곳의 향교 가운데 하나인 정의향교의 유구한 역사를 증명하고 있다.

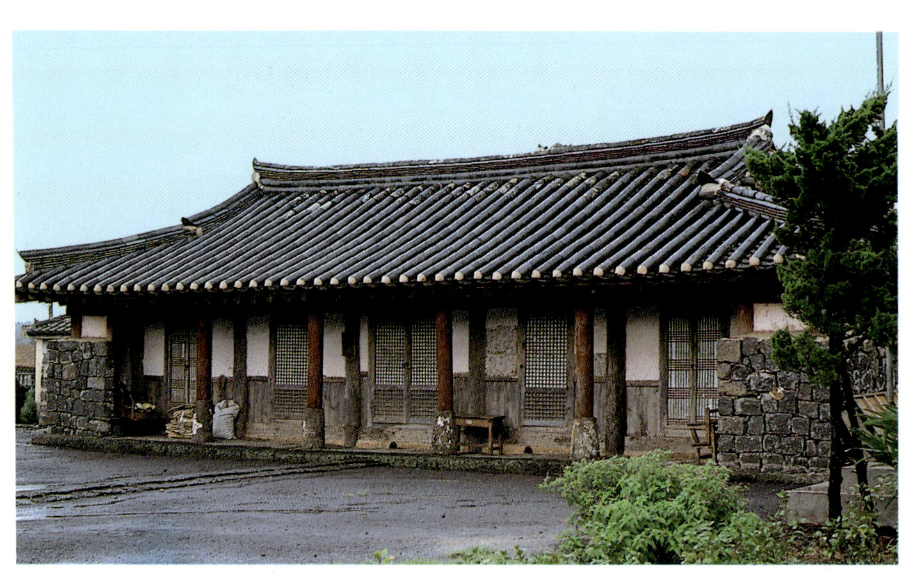

명륜당 1738년(영조 14)에 세워진 건물이다. 팔작지붕이지만 검소한 이 건물은 강학 (講學)의 장소이다.

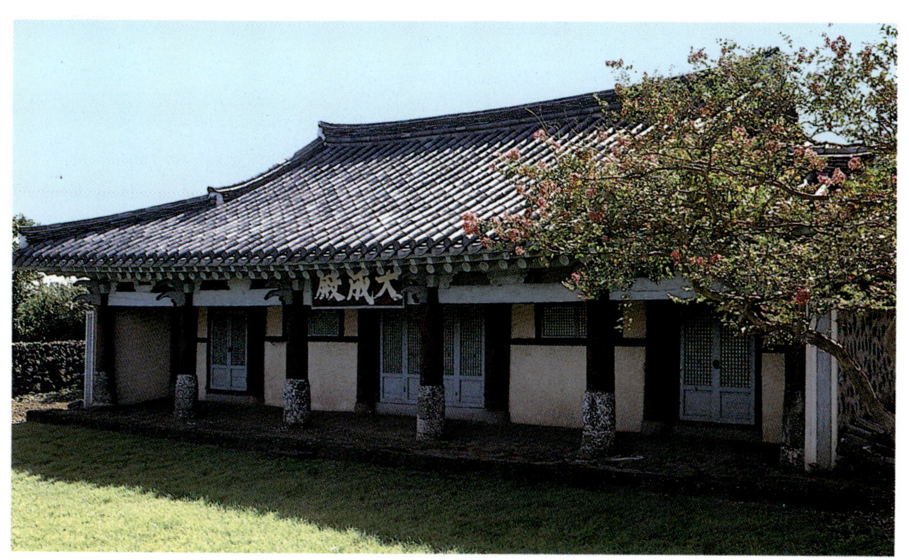

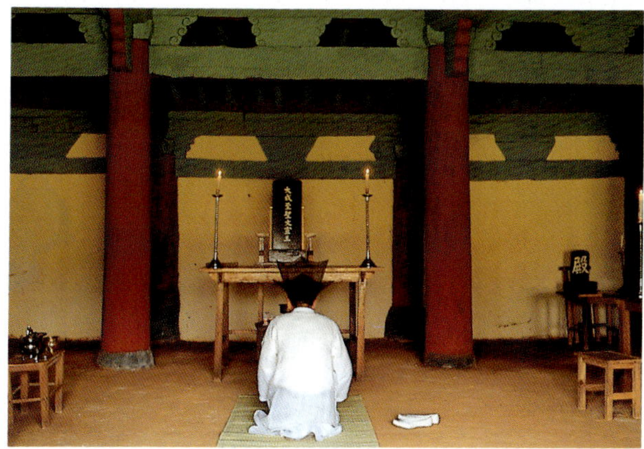

대성전 공자(孔子)의 제사를 지내는 곳이 대성전 건물이다.(위)
공자 위패 대성전의 안에는 공자의 위패를 모셔두고 공자탄일을 비롯하여 한 해에도
　몇 번씩 차례를 지낸다.(아래)

일관헌

정의현감(또는 군수)이 정사를 보던 곳으로서 지방문화재 제7호로 지정되었다. 여러 차례의 보수를 거쳤으며 지금의 건물은 1975년에 새롭게 단장한 것이다.

이 일관헌은 성읍리 거리 한복판에 천연기념물 제161호인 느티나무와 마주하여 의젓이 서 있다. 그 울타리에는 천연기념물인 소나무 몇 그루가 운치 있게 둘러섰다.

일관헌에는 일반 주민들의 출입이 엄격히 통제되었다든가, 그 마당에서 죄인을 다스리던 광경이 너무 인상적이었다든가 하는 예전 현청소재지 당시의 정경을 나이 든 주민들은 기억한다.

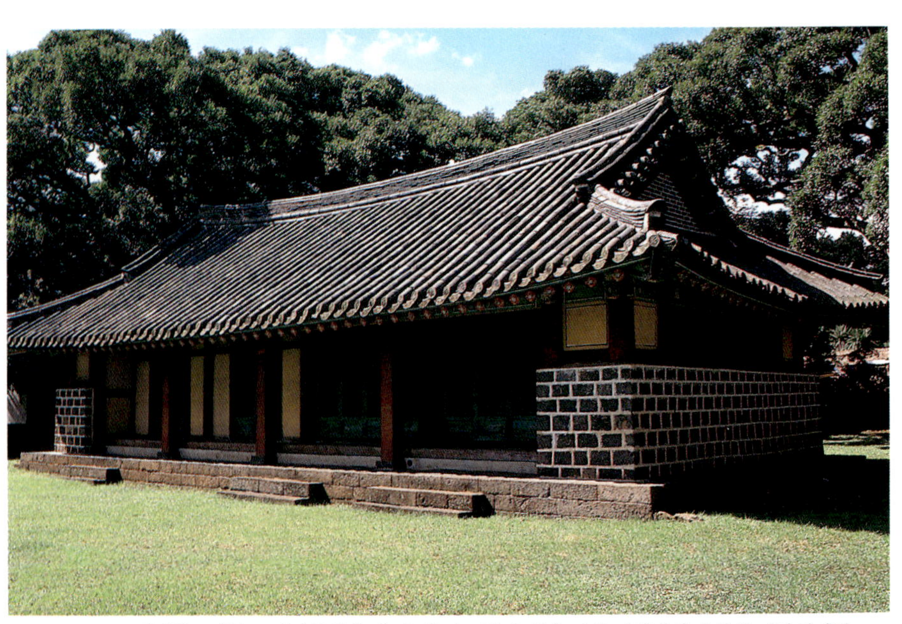

일관헌   제주도 지방문화재 제7호인 이 건물은 성읍 마을 전체에서 유일한 기와집이었다. 관청 건물의 위엄을 갖추어 석단을 쌓고 기둥을 세웠으며 팔작지붕에 합각 부분도 정성들여 치장하였다.

돌하르방

문제 제기

오늘날 돌하르방은 제주도를 상징하는 세계적인 명물로 등장했다. 돌하르방은 구멍이 보숭보숭 뚫린 제주도에 지천으로 깔린 현무암(玄武岩)으로 만들어졌으므로 더욱 인상적이다.

흔히 그 실물 크기로 제작되어 한갓 기념으로 여기저기 세워지는가 하면, 모형으로 자그맣게 제작되어 제주도를 찾는 관광객들에게 소중한 관광기념품으로 팔려 나간 지는 이미 오래다.

성읍에는 예부터 '벅수머리' 또는 '무성목'이라 불리는 돌하르방이 12기 있다. 우리는 제주도의 상징물인 돌하르방을 대하면서 숱한 의문이 떠오른다.

그 수효는 원래 몇이었으며, 정확한 원위치는 어디였을까?

오늘날 그 명칭은 '돌하르방' '우성목' '무성목' '벅수머리' '옹중석(翁仲石)' 등 여럿인데, 원래의 명칭은 무엇일까?

제주목, 대정현, 정의현의 돌하르방은 그 모습이나 규격이 제각기 다른데 그 까닭은 무엇일까? 그 형상과 주민들의 성격과는 무슨 관련이라도 있는 것일까?

그 기능은 무엇이었을까?

언제 어떤 유래에 의해서 만들어진 것일까?

그 조각가는 어떠한 사람이고, 어찌하여 이러한 형태로 만들어 냈을까?

돌하르방과 한반도 본토의 장승과는 어떠한 관련이 있는가?

돌하르방 가운데 제주목의 5기와 정의고을의 7기에는 받침돌이 남아 있는데, 그 받침돌들은 원래의 것이었는지, 그리고 나머지 돌하르방에는 받침돌이 갖춰지지 않은 까닭은 무엇일까?

제주목의 5기의 받침돌에는 각각 ㄱ자와 ㅇ자로 패인 자국이 있는데, 어떤 이유로 조각된 것일까?

실물 크기의 돌하르방을 조각해서 세운다든가, 또는 그 모형을 관광기념품으로 자그맣게 만드는 데 따른 가장 바람직한 방안은 무엇일까?

이상 몇 가지의 과제만 하더라도 정확한 해답을 얻기는 어렵다. 상당 부분이 우리 모두의 숙제로 남겨진다.

위치·기수

'벅수머리' '무성목'이라 불리는 성읍의 돌하르방은 어디에 위치해 있고 모두 몇인가?

본디 몇이었는지는 알 길이 없으나 성읍에 지금 남겨진 것은 12기다. 성읍에는 성읍성이 있었고, 그 동문, 서문, 남문 입구에 각각 옹성구비가 있었는데, 여기에 각각 2기씩 마주하여 4기씩 서 있었던 듯, 지금도 동, 서, 남문 입구에 4기씩 12기가 남겨졌다.

둥글넓적하고 온후한 인상의 성읍 돌하르방이 원래 몇이었는지는 모르나, 나이 든 이들에게 물으면 예부터 12기라 전해진다고 한결같이 말한다. 그렇다면 성읍의 돌하르방 12기는 거의가 원위치에 놓여진 셈이다.

비단 성읍만이 아니라, 제주도내 세 군데에 있는 돌하르방의 원래의 수효는 알 길이 없다. 제주도는 방어의 편이에 따라 약 오백 년 동안 행정 구역을 셋으로 나누어 통치하던 때가 있었다. 곧 제주목(濟州牧), 대정현(大靜縣), 정의현(旌義縣)이다. 제주목의 도읍지는 현 제주시가지 안 옛 제주성안이요, 대정현의 도읍지는 대정읍 보성, 인성, 안성이며 정의현의 도읍지는 표선면 성읍이었다.

돌하르방은 바로 이 세 도읍지 성문 입구에 세워졌었다. 오늘날 남겨진 제주도의 돌하르방은 다음과 같이 총 47기인데 원래의 수효는 숙제로 남겨진다.

제주목;23기(그 가운데 2기는 경복궁으로 옮겨졌다)
대정현;12기
정의현;12기
합계;47기(2기는 경복궁에 옮겨짐)

명칭

‘돌하르방’이란 말은 어린이들 사이에서 쓰이는 명칭일 뿐이다. 이 ‘돌하르방’이란 명칭을 골라서 지방문화재로 지정할 때 채택하게 되어 ‘돌하르방’이란 말이 국내외에 널리 통용되는 실정이긴 하지만, 재래의 명칭은 아니다.

재래의 명칭은 워낙 많아서 대중삼기 힘들다. 그리고 제주목, 대정고을, 정의고을에서 쓰이는 명칭이 제각기여서 제주도 전반에 통용되는 명칭은 드러나지 않는다. 그런대로 흔히 쓰이는 명칭 몇 가지만을 간추려 본다.

돌하르방　　‘돌할아버지’란 뜻으로 어린이들 사이에서 흔히 쓰여 왔으며, 문화재 명칭으로 채택된 다음에는 국내외에 널리 통용된다.

우성목(우석목)　　제주시에서 흔히 쓰이던 재래 명칭이다.

무성목(무석목)　　대정고을 및 정의고을에서 통용되던 재래 명칭이다.

벅수머리　　정의고을에서만 쓰이던 재래 명칭이다.

옹중석(翁仲石)　　문헌에 가끔 드러날 뿐 주민들 사이에서 통용되지는 않았던 듯하다.

여기에서 주목해야 할 바는 ‘벅수머리’란 명칭이다. 오직 정의고을, 곧 성읍에만 쓰이는 이 명칭은 다음에 지적하겠지만 돌하르방의 유래를 시사해 준다. 곧 돌하르방을 ‘장승’이 유입, 변모한 것으로 볼 수 있는 중요한 실마리를 던져 준다. ‘장승’이 영호남 지방에서는 흔히 ‘벅수’ ‘벅시’ 등으로 일컬어지기 때문이다.

형상

정의고을의 돌하르방은 다른 곳의 것들에 비하여 그 얼굴 모습이 둥글넓적하고 온후단정하다.

제주목 돌하르방의 눈 모습이 동그랗고 뚜렷한 데 비하여 정의고을의 것은 게슴츠레하고 눈썹도 그려져 있지 않다. 코는 뾰족하고 날카로운 편이며 단아하다.

성읍의 돌하르방은 입 역시 단정하고 자그마한 편이며 귀도 납작하고 얌전하다. 가슴 근육은 조각되지 않았고 가끔 다섯 손가락이 분명히 조각돼 있지 않은 경우도 보인다. 양 어깨는 가지런하여 높낮이가 없기 때문에 제주목 돌하르방들에서 보는, 한쪽 어깨를 으쓱 치켜올린 멋은 덜하다.

성읍 돌하르방의 규격을 제주목과 대정현의 그것과 대비하여 살펴보면 표3 과같다. 곧 그 신장이나 안면 길이, 몸둘레, 감투 전의 폭, 감투 둘레 및 받침돌의 높이와 둘레가 제주목의 그것에 비하여 모두 작다.

돌하르방의 모습과 표정 및 그 규격은 어찌하여 제주목, 대정현, 정의현별로 제각기 다른 것일까. 제각기 다른 특별한 이유라도 있는 것인지, 이를 밝힐 만한 구체적인 근거는 아직 없으나 관심이 가는 점이다.

〈표3〉 제주목, 대정현, 정의현의 돌하르방 평균 규격

돌하르방별 \ 구분	신장(cm)	안면길이 (cm)	안면둘레 (cm)	몸둘레 (cm)	감투전폭 (cm)	감투둘레 (cm)	받침돌 높이 (cm)	받침돌 둘레 (cm)
제주목 21기 평균	181.6	89.0	149.1	196.6	11.1	157.2	42.2	322.6
대정고을 12기 평균	136.2	66.5	147.8	171.2	6.2	153.7	-	-
정의고을 12기 평균	141.4	65.9	148.5	169.7	4.8	138.4	30.3	220.6

• 자료:필자 현지 조사

기능

과연 어떠한 동기에서 제주목, 대정현, 정의현의 성문 앞에 돌하르방들을 세웠던 것일까? 그 기능은 과연 무엇일까? 필자는 돌하르방의 맥락을 한반도 본토의 장승에서 찾으려 하며, 그 기능 역시 상통된다고 믿는다.

아까마쓰 등(赤松智誠, 秋葉隆)의 「조선 무속의 연구(朝鮮巫俗の研究) 下」에 따르면 장승의 기능을 다음과 같이 네 가지로 요약하고 있다.

이정표(里程標)로서의 기능

금지표(禁止標, 禁標)로서의 기능

경계표(境界標)로서의 기능

주술종교적(呪術宗教的) 기능

제주도 돌하르방의 기능은 ① 위치 표지(位置標識)의 기능, ② 수호신(守護神)의 기능, ③ 주술종교적(呪術宗教的)인 기능 등 세 가지로 요약된다는 게 필자의 견해인데, 위에서 지적한 장승의 기능과 상통된다.

곧 주현성(州縣城) 성문 입구에 돌하르방이 의젓이 세워져 있음으로써 첫째, 이제부터는 고을에 들어온다는, 말하자면 고을의 위치를 알려 주는 위치 표지의 기능이 드러난다.

둘째, 돌하르방은 고을의 태평을 지키는 수호신으로서의 기능이 역력하다.

셋째, 돌하르방은 주술종교적 기능을 지닌다. 성읍은 본디 풍수지리적으로 전란의 위험이 없는 지역, 이른바 '병화불입지지(兵火不入之地)'라 전해진다. 한편 전란의 영향에서 벗어나는 것이라든지, 호열자 같은 악질이 번지지 않는 것도 돌하르방의 음덕으로 돌리는 경향이 짙다. 그리고 성읍의 돌하르방은 그런 일을 당하지 않았지만, 돌하르방이나 돌미륵의 코를 남몰래 쪼아서 그 가루를 물에

타서 마시면 어린애를 잉태할 수 있다는 속신(俗信)에 따라서 전국
의 돌미륵이 숱하게 수난당한 사실이 있다. 돌하르방의 이런 속신은
곧 주술종교적 기능인 셈이다.

유래

제주도의 돌하르방은 언제 어떠한 연유에 따라 세워진 것일까?
그 확실한 유래를 밝힐 길은 아직 막연하다.

담수계(淡水契)에서 펴낸 「탐라지(耽羅誌)」에 따르면, 돌하르방을
옹중석(翁仲石)이라 하고 제주읍성의 돌하르방은 1754년(영조
30)에 김몽규(金夢奎) 목사가 세웠다고 기록되어 있다.

이 기록만으로 1754년에 돌하르방이 비로소 제주도에 세워졌다
고 단정하기는 어렵다. 행정 구역이 제주목, 대정현, 정의현으로
나눠진 것이 1416년이요, 얼마 지나지 않아 각각 성을 쌓았는데,
3백여 년간 성문에 아무런 시설이 없었다는 것은 납득하기 어려운
일이기 때문이다.

돌하르방의 유래에 대한 자그마한 단서라도 찾기 위해 필자는
관계되는 전설이라도 없을까 해서 여러 모로 애를 썼으나 알아낼
수가 없었다.

돌하르방은 한반도 본토의 장승이 제주도에 유입되어 변모된
것으로 보인다.

그 첫째 이유는 돌하르방의 모습이 돌장승과 너무 비슷하다는
점이다. 우리는 장승이라면 ‘天下大將軍’‘地下女將軍’이라 쓰여진
나무 장승만을 연상한다. 그러나 영호남 지방에 띄엄띄엄 돌장승이
흩어져 있고, 그 돌장승의 모습을 찬찬히 들여다볼 때 돌하르방과
그 모습이 비슷한 점이 발견되는 것이다.

둘째는 돌하르방과 장승의 기능이 거의 일치한다는 점을 들 수
있다. 이 점은 앞에서 그 기능을 살필 때 지적했었다.

셋째는 그 명칭이 상통된다는 점이다. 곧 성읍에서 돌하르방을 '벅수머리'라고 했는데, 장승 역시 영호남 지방에서 '벅수' '벅시' 등으로 일컫는다는 점이다.

넷째는 장승을 조사 연구하는 이늘이 한결같이 돌하르방을 장승의 한 갈래로 묶어 놓고 있다는 점이다.

제주의 상징인 돌하르방은 우리의 소중한 문화 유산임과 동시에 숱한 과제를 던져 주고 있다.

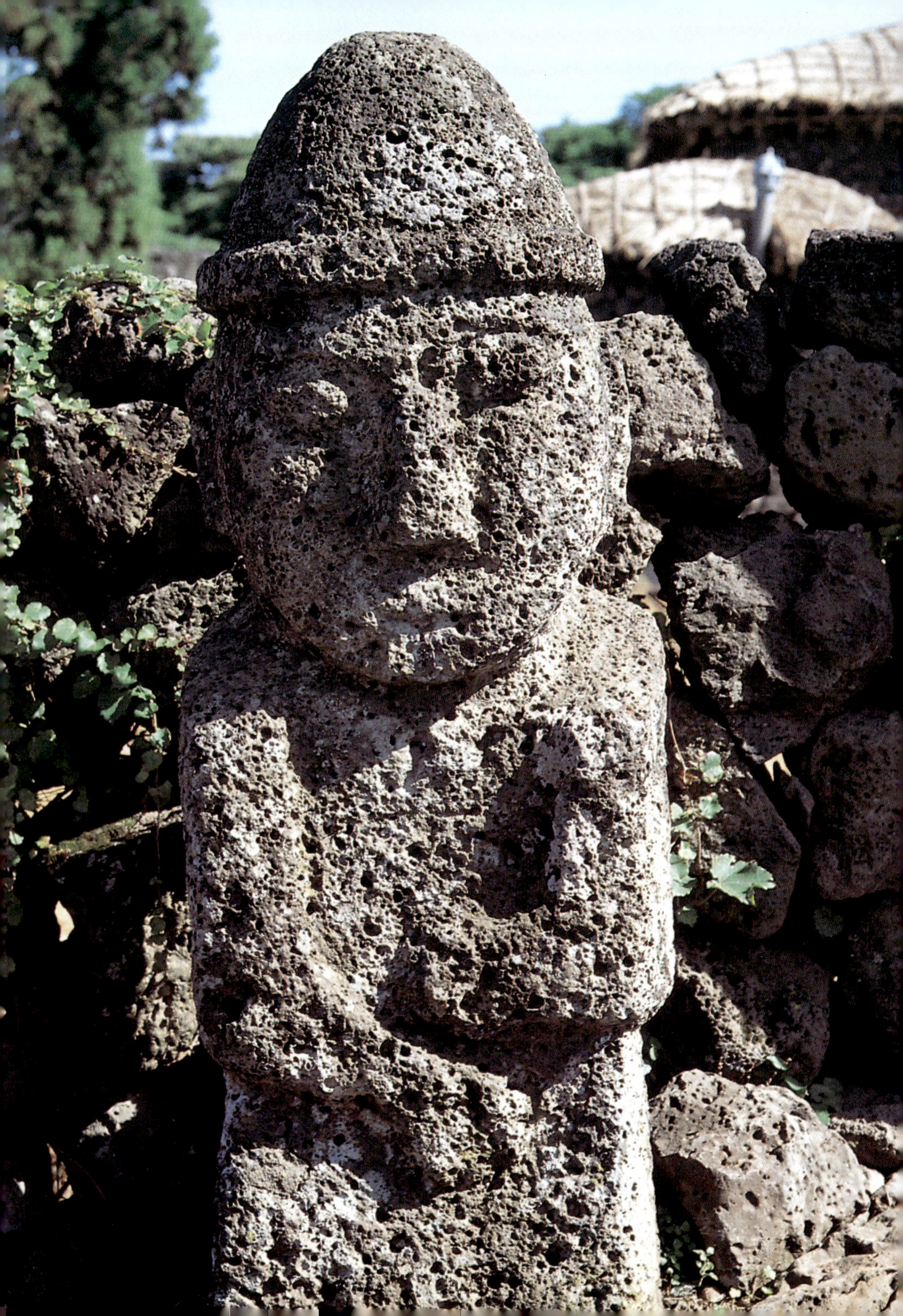

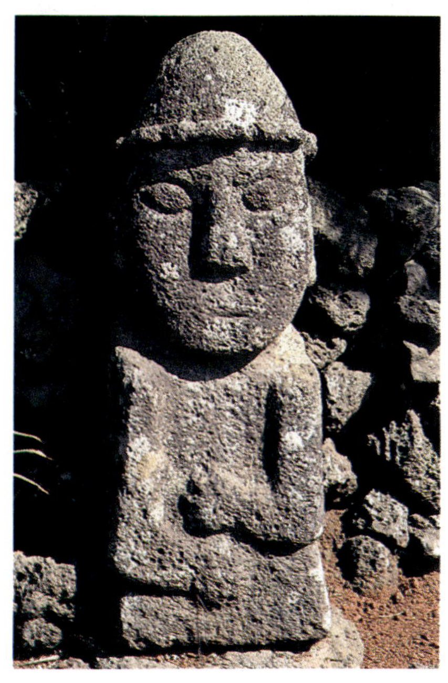

돌하르방 오늘날 돌하르방은 제주도를 상징하는 세계적인 명물로 등장했는데 구멍이 보숭보숭 뚫린 현무암으로 만들어진 탓으로 더욱 인상적이다. 왼쪽과 오른쪽의 돌하르방은 기본적으로 같은 형태이지만 돌의 입자가 조금 달라 전체적인 인상이 다르게 보인다.

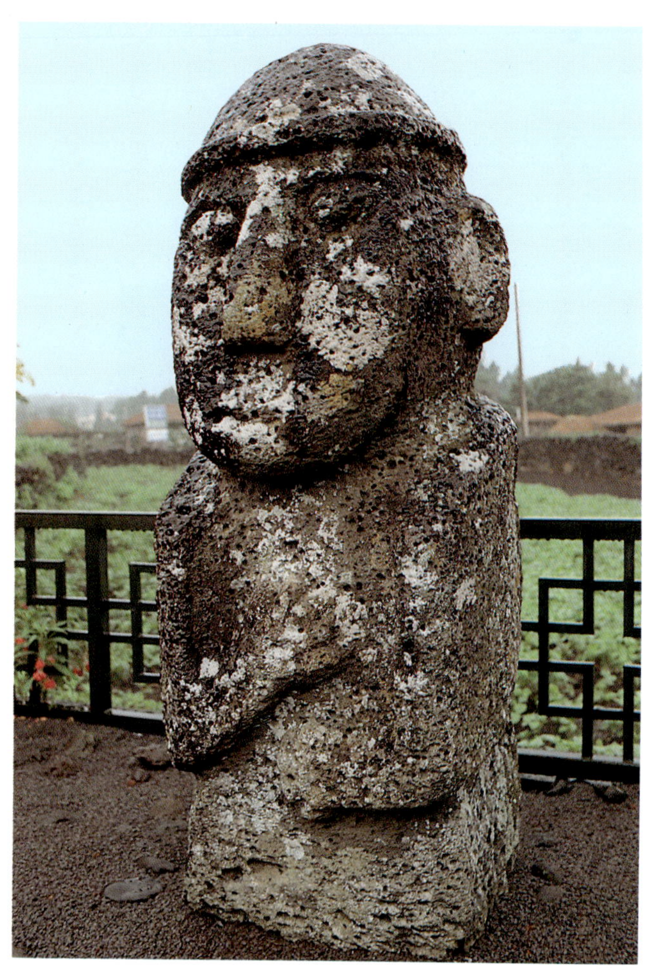

돌하르방 성읍 마을에는 현재 모두 12기의 돌하르방이 남아 있는데 예부터 그 자리에 있었던 것이다.

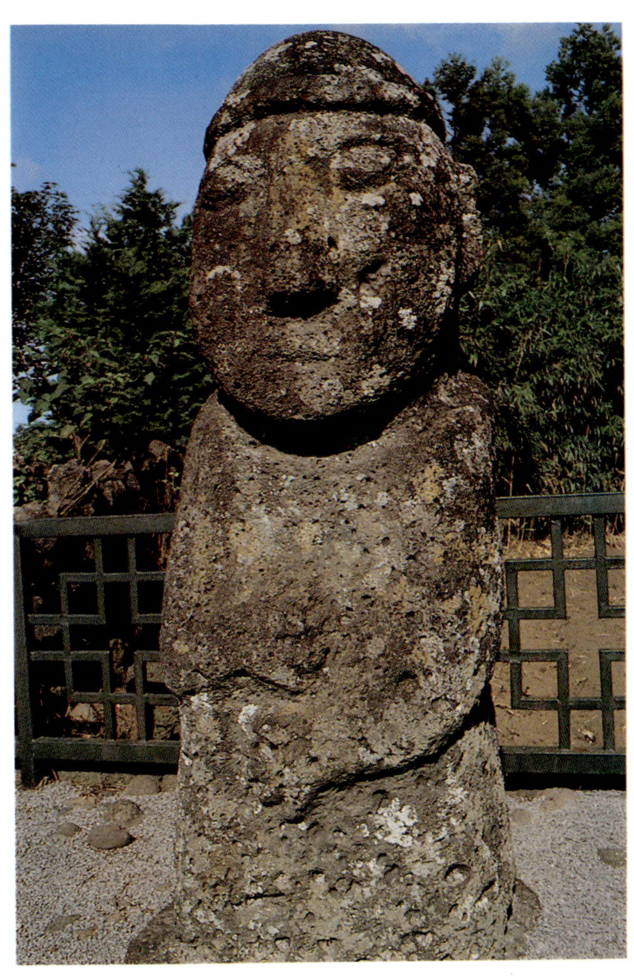

돌하르방 둥글넓적하고 온후한 인상의 성읍 돌하르방은 벙거지가 높지 않고, 눈의
불거짐 또한 그리 심하지 않다.

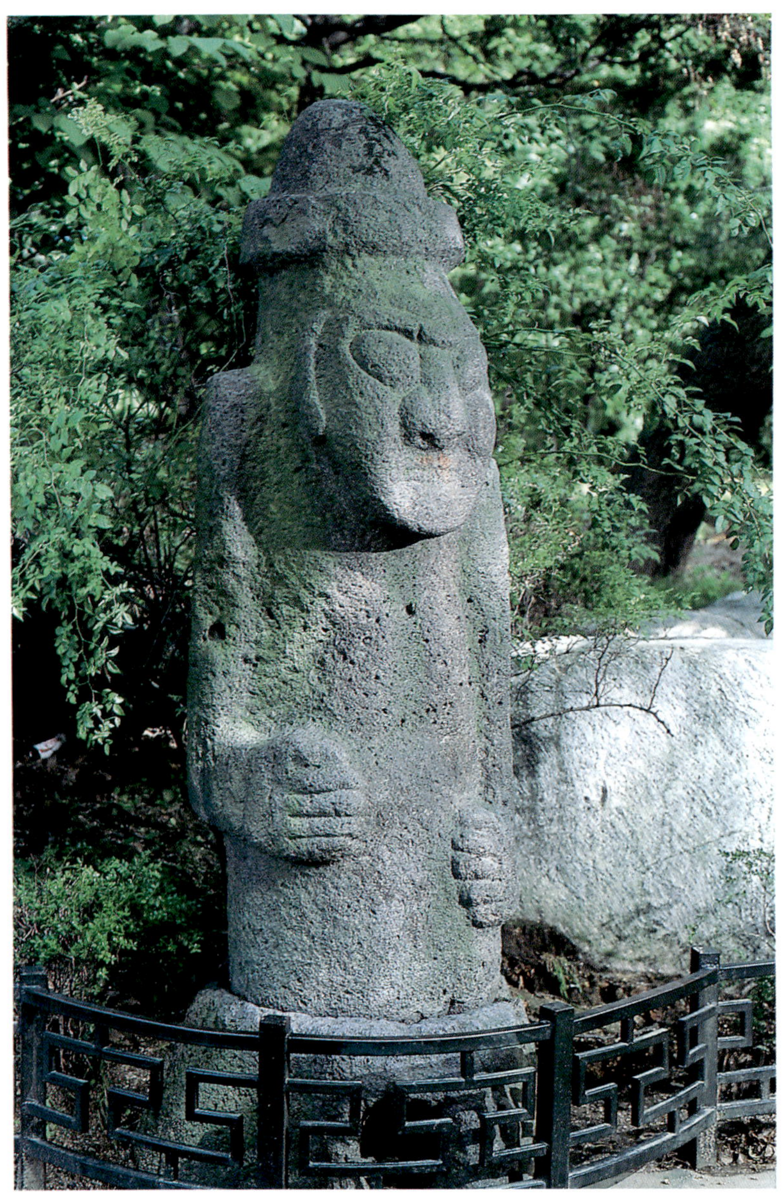

84 성읍 마을의 문화재

제주목 돌하르방 현재 경복궁에 있는 국립민속박물관 입구에 옮겨져 있다. 어깨의
으쓱함이라든지 툭 불거진 눈 등은 제주목 돌하르방이 지닌 특징이다.(왼쪽)
성읍 돌하르방 옛 정의현에 세워졌던 돌하르방은 제주목의 것에 비하여 크기도 작고
입체감도 적은 편이나 단아한 느낌을 준다.(아래 왼쪽, 오른쪽)

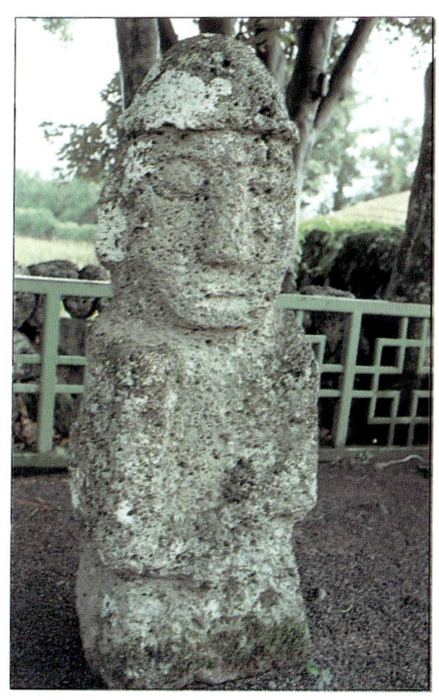
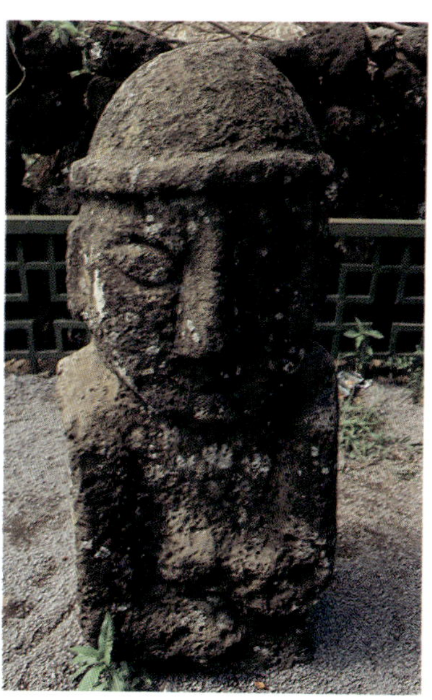

성읍 마을의 전승 문화

민요

성읍리는 개성이 짙은 마을인만큼 그곳에 전해지는 민요 역시 가멸지고 싱그럽다.

성읍리는 곧 넉넉할 만큼 산천이 아름다운 산간 마을이면서, 오백 년 동안 정의현의 도읍지였다는 이중 성격(二重性格)을 띤다. 따라서 성읍리의 민요 역시 이중성을 띠어서 두 갈래를 두루뭉수리로 전한다. 그 하나는 제주도의 여느 농촌에서나 전승되는 노동요, 의식요 등이 잘 전승되는 한편, 다른 하나는 오랜 세월 도읍지였기 때문에 전해지는 성읍리만이 지니는 창민요를 들 수 있다.

곧 제주도내 여느 농촌에서나 마찬가지로 '맷돌-방아노래' '밭밟는 노래' '타작노래' 등의 노동요와 '행상노래' '달구노래' 등의 의식요가 성읍리에서도 풍성히 전해지는 한편, '용천검' '관덕정앞' '중타령' '질군악' '오광산타령' '사랑가' '잦은 사랑가' '계화타령' '동풍가' 등 다른 마을에서는 들어 볼 수 없는 창민요가 전해진다.

성읍 민요가 풍성하고 개성 짙은 까닭은 이러한 이중 성격에 있다. 이는 성읍 민요만이 지니는 유다른 자산이다. 특히 경서도 민요 (京西道民謠)의 영향을 받은 것으로 보이는 창민요를 여러 종류 전승한다는 사실은 주목할 만하다. 그러나 이에 너무 관심을 쏟은 나머지 제주도 고유의 다른 민요들이 덜 전승되는 것처럼 착각하기 쉽다.

오늘날 전해지는 제주도의 창민요는 세 갈래로 나누어지는데, 이 세 갈래를 성읍에서는 모두 잘 부르고 있다. 그 세 갈래란 제주도 전역에 분포된 창민요(오돌또기, 이야홍, 서우젯소리, 너냥나냥 등), 성읍에서만 불리는 창민요(용천검, 관덕정앞, 질군악, 계화타령, 중타령, 사랑가 등), 성읍에서 주로 불리지만 도내 다른 지역에서도 가끔 불리는 창민요(동풍가, 봉지가, 산천초목, 오광산타령 등)이다.

예전에는 '가루지기타령'이나 '홍부가'에 보이기도 하지마는, 오늘날에는 제주도에만 전해져서 제주도의 대표적인 창민요로 널리 알려진 '오돌또기'도 성읍에서 제대로 전승되며, 희귀한 민요 '봉지가' '산천초목' 역시 제주도내 어느 마을에서보다 성읍에서 훌륭히 전승된다.

성읍은 본토에서 그 자취를 찾기 어려운 진귀한 옛 민요가 보존되는 저장고의 기능을 담당해 온다.

국악을 전공하는 동학들의 견해에 따르면 '신목사'라고도 하는 '관덕정앞'은 경기도 광주(廣州)의 '길타령'이나 '지화자타령'과 관계가 있다고 하고, '산천초목'은 신재효본 '가루지기타령'과 '홍보가'에 삽입된 '거사사당소리'에도 비슷한 사설이 드러나며, 그 사설 첫머리는 경기 및 서도 입창의 '놀량', 남도잡가의 '화초사거리' 사설의 처음과 같다는 점이 주목된다는 것이다.

또한 '질군악'은 본토 잡가인 십이가사 '길군악' 및 본토 각 지방에 흩어진 '질꼬내기'와 비슷하다. '용천검(남사당, 사당소리)'도 본토의 사당패 음악과 관계될 듯하다.

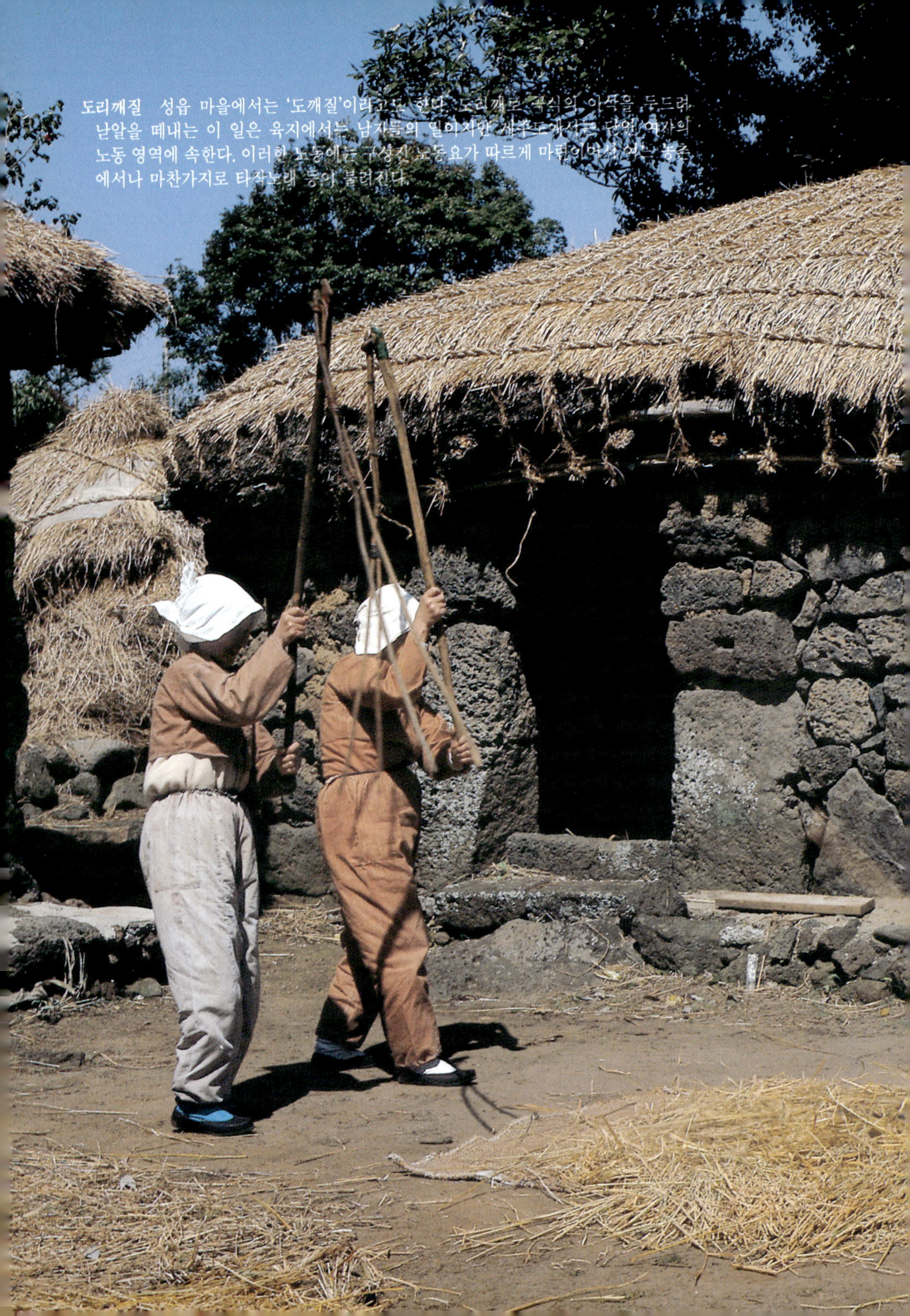

도리깨질 성읍 마을에서는 '도깨질'이라고도 한다. 도리깨로 곡식의 이삭을 두드려 낟알을 떼내는 이 일은 육지에서는 남자들의 일이지만 제주도에서는 당연 여자의 노동 영역에 속한다. 이러한 노동에는 구성진 노동요가 따르게 마련이어서 여느 농촌에서나 마찬가지로 타작노래 등이 불려진다.

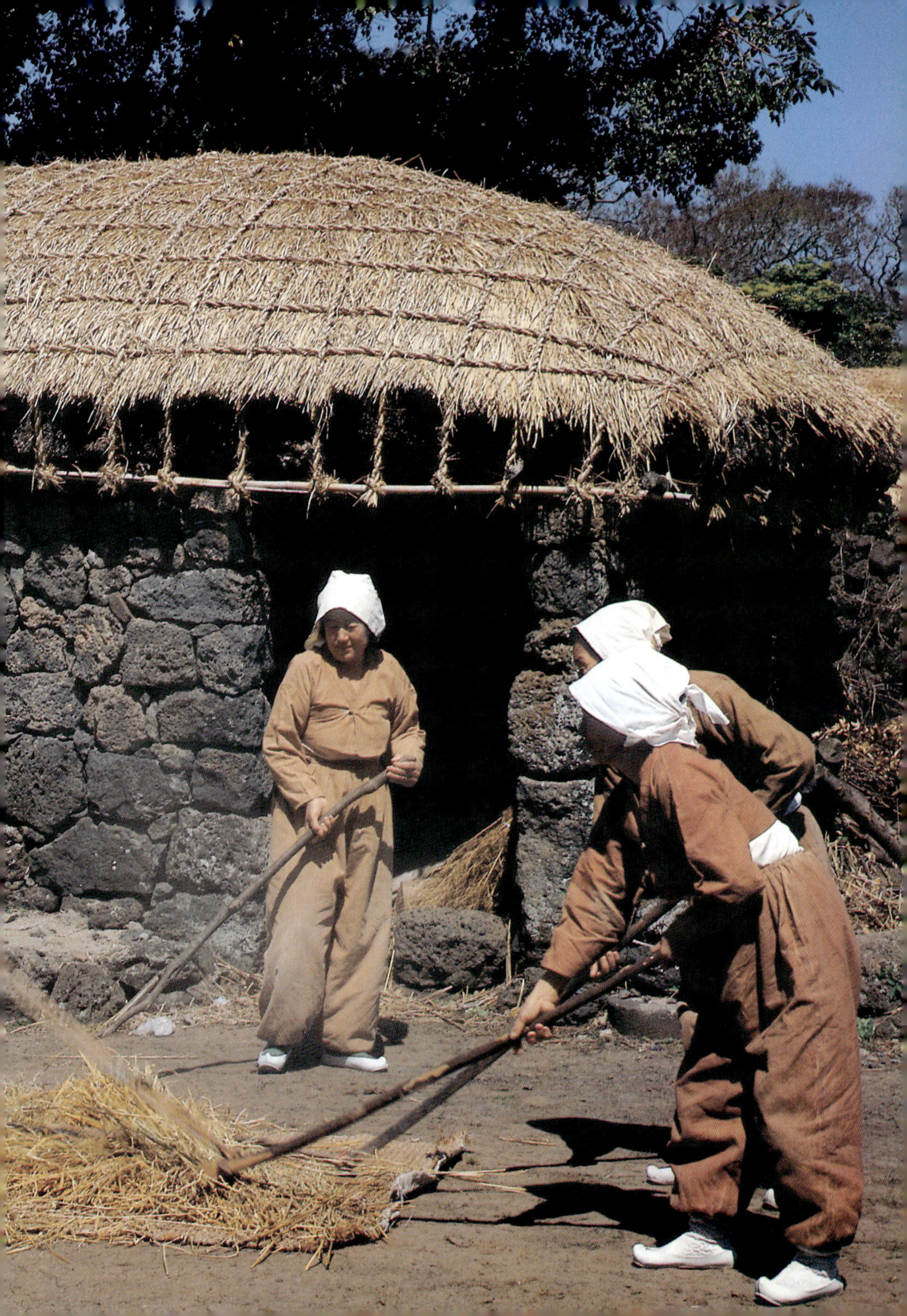

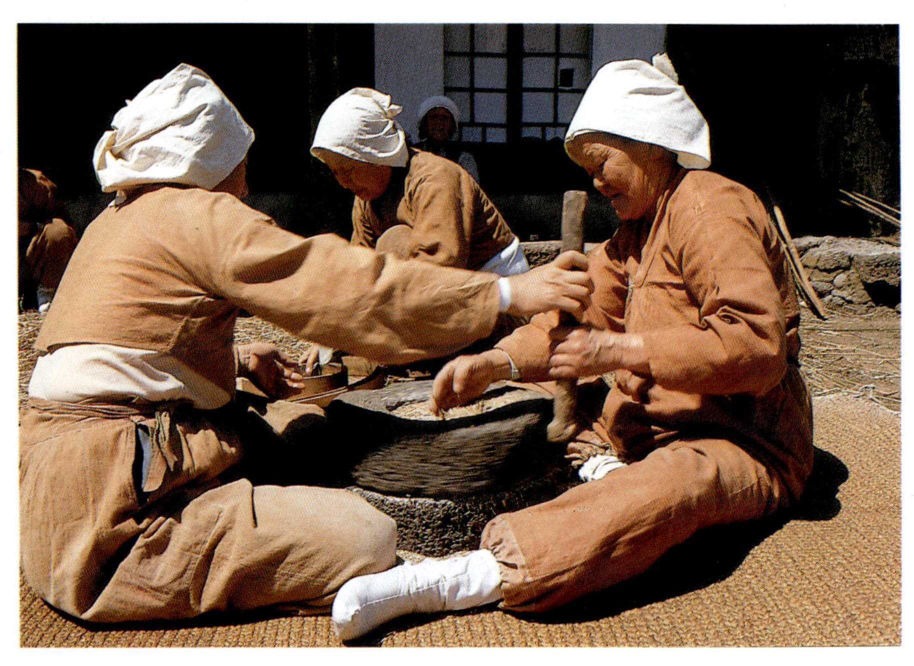

맷돌질 성읍 마을에서는 '᠊ᄀ레질'이라고 한다. 맷돌질에는 '맷돌-방아노래'의 노동요가
불리게 마련이다.

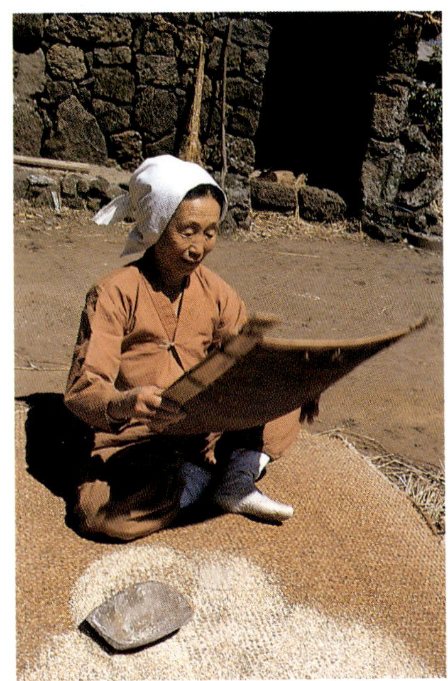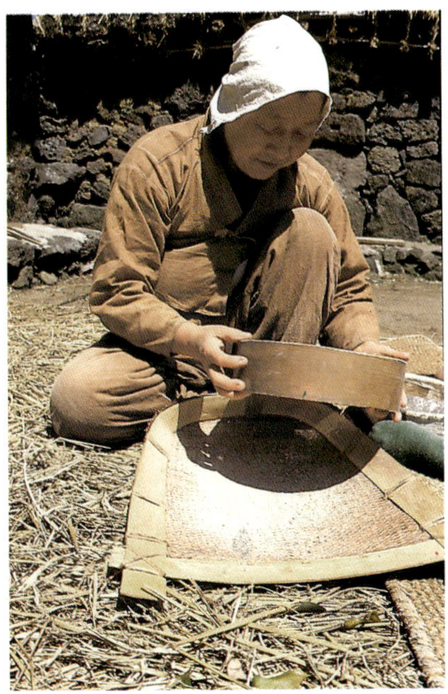

채질 채는 전국 모든 농촌에 공통되는 도구이겠지만, 곡식이 부족한 이곳에서는 낟알 하나라도 손실이 없도록 애쓰는 세심한 작업이 채질이다.(왼쪽, 오른쪽)

성읍리 창민요에 영향을 준 본토 민요는 경서도 민요(京西道民謠)라는 점도 주목된다. 경서도 민요란 경기도, 황해도, 평안도 민요를 말한다. 그러니까 '육자배기'조로 된 전라도 민요나, '메나리'조로 된 경상도 및 강원도 민요의 영향은 안 보인다는 것이다. 특히 본토의 산타령계 민요와의 관계가 짙다.

위에 든 창민요 외에도 성읍은 물론 제주도 전역에서 '노랫가락' '창부타령' '양산도' '청춘가' '방아타령' '개성난봉가' '성주풀이' 등도 흔히 불리는데 이들 역시 경서도 민요다. 특히 지리적으로 가장 가까운 전라도의 '육자배기'조 민요를 부르는 이가 거의 없다. 이는 곧 제주도 민요목이 전라도 민요 '육자배기'목과는 아주 다르고 경서도 민요목과는 음악적으로 비슷한 데서 말미암은 듯하다. 따라서 성읍에서 창민요가 가멸지게 전승됨은 본토 민요의 연구를 위해서도 보배로운 가치를 지닌 것으로 보여진다.

성읍의 민요 제보자들은 민요를 숱하게 간직했을 뿐더러, 민요를 흥취 있게 잘 구연한다. 특히 조을선과 이선옥은 함께 어울리어 제주도 고유의 노동요 및 의식요와 성읍에서만 전해지는 유다른 창민요를 간드러지게 썩 잘 부른다.

조을선은 특히 '맷돌노래' '방아노래' '타작노래' '밭밟는노래' '연자매노래' '홍애기' '오돌또기' 등 제주 고유의 민요와 '관덕정앞' '질군악' '계화타령' '삼마둥둥내사랑아' 등 창민요를 선소리로 폭넓게 부르며, 이 때 이선옥은 후렴을 받는다. '산천초목' '동풍가' 등은 조을선, 이선옥이 합창을 해야 제격이다. 이선옥이 선창하는 민요는 '아웨기' 등 제주도 고유의 노동요 몇 가지와 '봉지가' '용천검' '중다령' '사랑가' 등이다. 그리고 두 분 모두 장례 의식요와 자장가도 잘 부른다.

조을선은 제주도 무형문화재 제 1-1호인 '오돌또기'의 기예능보유자로 지정되었으며, 이선옥은 제주도 무형문화재 제 1-3호인 '봉지가'의 기예능보유자다. 조을선은 20대에 일본에 나가서 8년 동안 지냈던 외에는 줄곧 성읍리에서 살아오는 소중한 제보자다. 이선옥 역시 20대에 몇 해 동안 일본에서 지냈던 외에는 성읍에서 지내면서 조을선과 더불어 각종 문화 잔치에 출연하여 민요를 불러 입상한 경력이 화려하다.

이 두 분은 밭을 매며 부르는 '아웨기' '홍애기'라는 알뜰한 노동요도 잘 간직하며, 다른 마을에서는 듣기 어려운 '연자매노래'도 흥취 있게 가지런히 부른다.

성읍리는 민요의 노다지다. 제주도 전역에 깔린 진귀한 노동요, 의식요와 본토 민요와 상관되는 숱한 창민요를 더불어 간직했으므로 성읍의 민요는 대단히 다양하고 풍성하다.

걸궁

마을의 안녕과 풍년을 빌고, 주민들의 단합을 재확인하기 위하여 걸궁을 한다. 또한 걸궁을 치름으로써 주민 모두가 흥청거리며 즐길 수 있고 걸궁을 통하여 주민들의 공동 비용도 마련할 수 있었다. 걸궁은 걸립(乞粒)과 같은 맥락으로 해석된다.

성읍리 주민들은 예전부터 퍽 걸궁을 즐겨 왔다. 제주도내에서도 걸궁이라면 우선 성읍리를 내세운다.

제주도에서는 지난날 마을마다 거의 걸궁을 치렀다. 성읍은 특히 오백 년 동안 도읍지였으므로 바깥 사람들의 출입이 잦았고, 따라서 외래 문화의 영향을 쉬 입었다. 민요도 경서도 민요의 영향을 담뿍 받은 가락들이 오늘날에도 전해지거니와, 걸궁 역시 일찍이 받아들여 성대히 치러 왔고 그 전승력도 드세다.

성읍리의 걸궁은 육지 사람들이 맨 처음 시작한 것으로 전해진다. 곧 육지 사람들이 걸궁을 벌여서 흥청대고 그 수익금을 유리하게 쓰는 모습을 주민들이 탐탁하게 보고 이를 모방하여 시작했다는 것이다. 1969년에도 마을 주최로 '안할망당'의 큰굿 비용을 마련하기 위하여 걸궁을 치렀고, 각종 문화 행사 때에도 번번이 걸궁판을 벌인다. 1988년 정월에도 노인회관 낙성 기념 잔치로 걸궁을 치렀다.

지금도 걸궁을 벌이는 내용은 지난날이나 별 다름 없다. 송지준옹이 1910년대의 걸궁 모습을 회고하는 말을 들어 보더라도 이는 곧 확인된다. 구대진사(九代進士), 꽹과리, 북, 징, 포수 등이 걸궁의 주요 배역이다.

초록색의 색수건을 쓰고 팔과 다리를 걷어 올려 묶은 모습이 그 연기자들의 대체적인 분장이다. 말관 모양의 종이 모자를 쓴 구대진사는 길쭉한 수염을 늘어뜨리고 눈만 트인 탈을 썼다. 도포를 입어 지팡이를 짚고 긴 담뱃대를 문 채 선두에 선다.

구대진사를 선두에 세운 행렬은 그 뒤로 꽹과리 치는 이, 징 치는 이, 북과 장고 치는 이가 따르고 포수는 맨 마지막이다. 걸궁 행렬 뒤로는 신명난 구경꾼들이 쪼르르 따른다.

걸궁 행렬은 구경꾼들에 휩싸인 채 집집마다 방문한다. 방문하는 순서는 미리 정해 있지 않다. 그때그때 주도자들의 상의에 따르며 방문할 집에 예고하지도 않는다.

구대진사가 앞장서서 한 집을 방문하고 주인에게 인사한다. 그리고는 마당에서 한참 신명나게 논다. 집주인은 쌀이나 돈, 술과 안주를 내놓는다. 연희자들은 이를 마시고는 방마다 돌면서 "이 구석 저 구석 내 구석" 하고 외치면서 도끼로 쾅쾅 찍는다. 이러다가 다른 집으로 간다.

본토인들이 걸궁을 시작할 무렵에는 그네들끼리 경비를 마련했었고, 벌어들인 수입으로는 공공기금을 마련하든가 그 이익을 분배했

었다. 성읍리민들이 걸궁을 벌이는 경우도 물론 마을의 안녕을 빈다
는 뜻과 함께 마을의 공동 비용을 마련한다는 실질적인 필요가 곁들
인다. 곧 마을의 공동 비용이 필요한데도 이민 각 가호에 분담하여
징수하기가 번거로울 때, 공동으로 쓰일 기구가 필요할 때 이를
마련하기 위하여 걸궁을 벌여 왔다. 제주도내 다른 마을에서도 예전
에 가끔 걸궁을 했지마는, 성읍에서처럼 규모를 갖추어 대대적으로
치르지는 못했었다.

걸궁 마을의 안녕과 풍년을 빌고, 주민들의 단합을 재확인하기 위하여 걸궁을 한다.
예전에는 모든 의상을 제대로 갖추고 마을을 돌았으나 이제는 주민들의 행사로 많은
격식이 감소되었다.

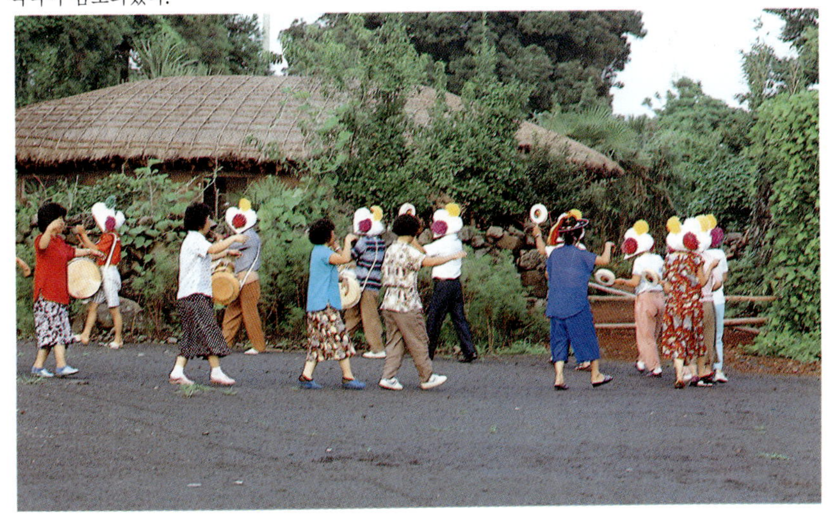

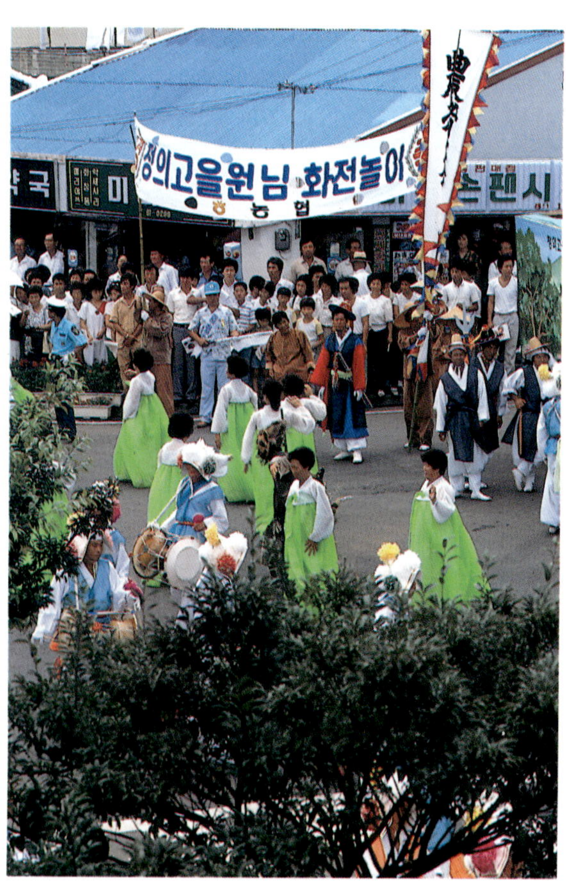

민속놀이 성읍은 넉넉할 만큼 산천이 아름다운 산간 마을이면서 오백 년 동안 정의현
의 도읍지였다는 이중 성격을 띤다. 정의고을의 '원님 화전놀이'야말로 이러한 성격을
잘 드러내는 것이다. 왼쪽은 놀이의 장면, 오른쪽은 등장 인물의 분장 모습이다.

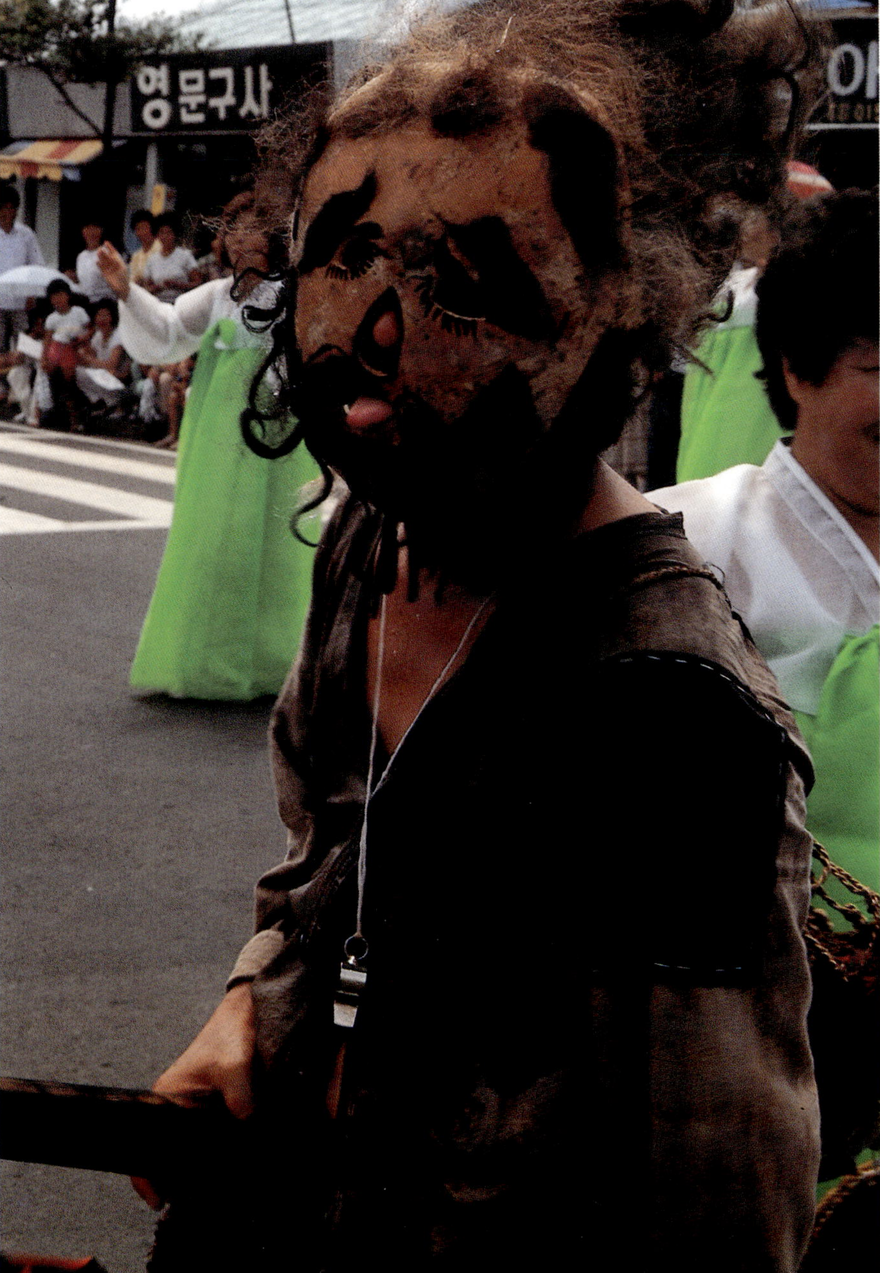
영문구사

연자매(물방에)

제주도의 연자매를 중시하는 까닭은 두 가지다.

첫째, 제주도에는 연자매가 꽤 많았다는 점이다. 한국 어느 농촌에서든 연자매는 있었고, 그 원리나 구조가 비슷한 편이긴 하지마는, 제주도는 그 분포가 조밀했다. 그 까닭은 제주도의 경우 경작지의 대부분이 밭이어서 밭과 논의 비율이 49:1이므로 밭곡식을 찧고 빻고 슳어야 할 일거리가 흔했다는 데 있다.

따라서 제주도에서는 평균 30가구당 연자매 1기씩을 보유하게끔 숱하게 들어섰으므로 도민 모두가 연자매하고는 썩 밀착되어 왔다고 본다.

둘째, 연자매 집단은 서로 돕는 기능이 두드러지다는 점이다. 곧 그 집단은 단지 연자매를 세우고 이용함에 그치는 게 아니라, 집안에 혼사가 있거나 장사를 치를 때 쌀을 모아서 돕는다든가 하는 상부상조의 기능을 지닌다. 이른바 '물방엣제' '물방엣접' '물ㄱ렛제' '물ㄱ렛접'이라고 불리는 그 결속은 퍽 굳튼튼하다.

다른 마을과 마찬가지로 성읍의 연자매는 모두 뜯겼다. 단 1기만이 일관헌 뜰 구석에 기념품격으로 복원되었을 뿐이다. 앞으로도 두세 군데 복원은 가능할 것이다.

성읍에는 16개소에 연자매가 있었다.

남문 물ㄱ레
빌렛동산 물ㄱ레
동문 물ㄱ레
창기 물ㄱ레
공문동산 물ㄱ레
막은굴 물ㄱ레

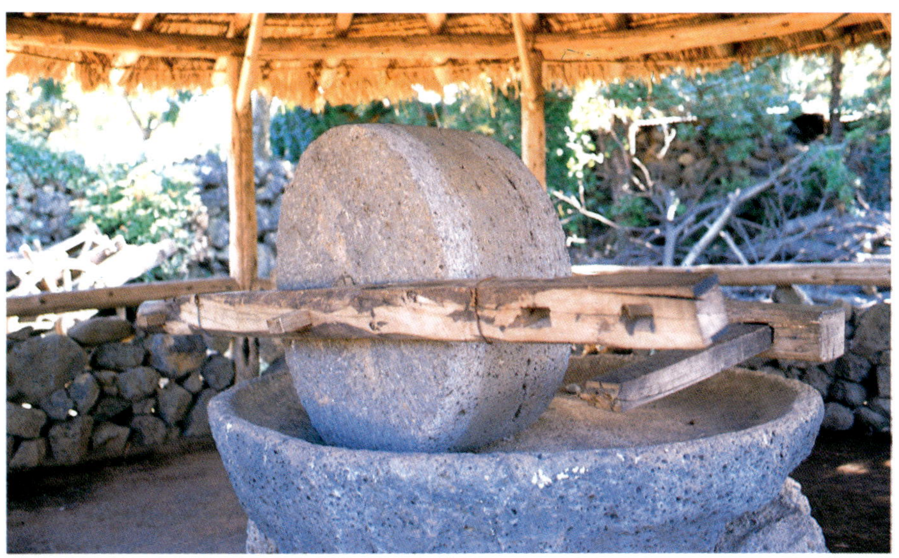

연자매 연자매를 '물ᄀ레' 또는 '물방에'라고 한다. 말을 이용한 맷돌 또는 방아라는 뜻이다. 연자매와 연자맷간은 주민들이 계를 조직하여 스스로 만들었다.

닥남밧 물ᄀ레

서문거리 물ᄀ레

가개비통 물ᄀ레

왕돌목 물ᄀ레(2개소)

둠부리통 물ᄀ레

뒷골목 물ᄀ레

산냇도 물ᄀ레

성뒷 물ᄀ레

객사앞 물ᄀ레

성읍리는 집중적으로 조사가 치러지던 1973년 당시 216가구였으며 평균 13.5호가 연자매를 한 기씩 지녔던 셈이므로 다른 마을에 비하여 연자매 보유 비율이 갑절이나 높았다.

또한 특이한 점은 중요민속자료로 지정된 조일훈 가옥에서 개인 소유로 그 집안에 연자매를 마련했었다는 사실이다. 일제 때 구장직을 지낸 조일훈의 조부가 세웠다는데 개인이 연자매를 설치하는 예는 전도에서도 드문 일이다.

연자매를 제주에서는 '물ᄀ레' 또는 '물방에'라 한다. 말을 이용한 맷돌, 또는 방아라는 뜻이다. 이웃끼리 연자매를 새로 세우기로 합의가 되면 계를 조직한다. 쌀이나 현금을 모아서 자본을 마련한다. 계원 모두가 이용하기에 편리한 지점에 부지를 고르고 연자맷간을 세운다. 계원들이 힘을 모아 맷돌을 만들고 건물을 마련한다.

연자맷간을 제주도에서는 '물ᄀ레왕' '물방에왕' '물방이왕' '물ᄀ레집' '물방에집' '물방이집' 등으로 일컫는다.

1930년대의 경우, 성읍리에서는 불과 2킬로미터 이내에 맷돌을 만들 돌이 있어서 편리했었으나 마을 안에 연자매를 만들 만한 석수가 없었다. 그래서 흔히 신풍이나 모슬포 등지에서 석수를 초청해 왔다. 석수에게는 일당을 지급했으며 건물은 모든 계원들이 참여하여 협력해서 세운다. 노력 부담은 물론 재목이나 지붕을 일 띠(새) 역시 계원들이 골고루 갹출했다.

지붕을 이거나 수선을 할 때, '중수리'라는 웃돌이 도는 기둥나무를 갈 때에도 계원들이 공동 작업을 하거나 윤번제로 감당했다. 계원이 아닌 주민이 연자매를 이용할 때에는 공동 작업을 할 때에 계원 이상으로 노력 부담하는 데 그쳤다. 다른 마을에서는 비계원일 경우 해마다 쌀 몇 말씩을 내는 게 관례였다.

계원이 마을을 떠나게 되면 그 권리를 무조건 포기했다. 이런 사실을 계의 문서인 좌목(座目)에는 "무본전출송(無本錢出送)"이라고 기록해 놓고 있어서 흥미롭다. 곧 본전을 내주지 않은 채 내보낸다는 뜻이다.

성읍 마을 사람들의 신앙 생활

민간 신앙

포제(酺祭)

성읍리에서는 유식(儒式) 마을제인 포제가 아직도 치러진다.

성읍 마을 서북쪽 약 1킬로미터 지점 속칭 '가마귀동산'에 포제 제단(祭壇)이 마련되었고 그 제단 옆에는 제청(祭廳)이 있다. 성읍리의 포제는 이곳에서 치러진다.

성읍리의 포제는 그 제신(祭神) 가운데 목동신(牧童神)이 끼어드는 게 특색이다. 곧 상단신(上壇神)은 포신지위(酺神之位)요, 하단신(下壇神)은 제수임신지위(諸首任神之位), 염질신지위(染疾神之位)와 목동신지위(牧童神之位)다. 제신 가운데 목동신이 끼어든다는 것은 성읍리가 예부터 농업과 더불어 목축업이 성했다는 근거가 된다.

목동신을 위한 축(祝)을 보게 되면 마소가 번식하고 잘 자라기를 축원하면서 함부로 도적당하거나 병으로 죽는 일이 없기를 충심으로 빈다. 더불어 축산하는 마을 사람들이 태평 무사하기를 축원한다.

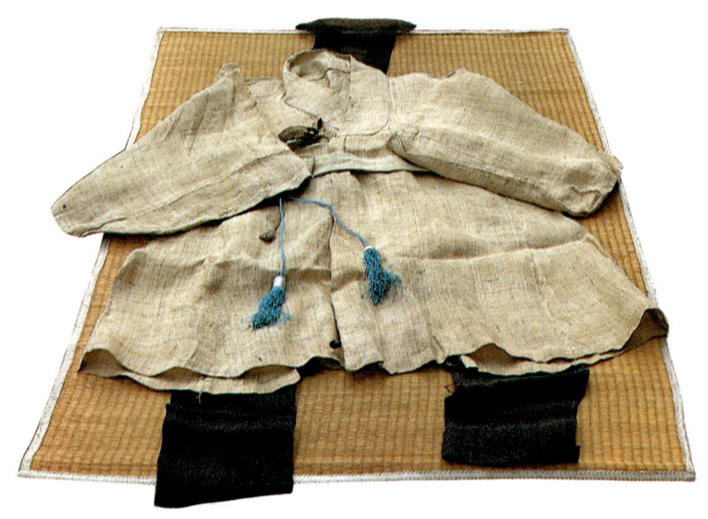

포제를 치르는 제관은 예부터 음력 12월 25일 해마다 정기적으로 열리는 이민 총회에서 선정한다. 제관은 나이가 들고 유덕한 사람을 고른다.

포제는 해마다 음력 정월 첫 정일(丁日)이나 첫 해일(亥日) 자시(子時)에 치른다. 만약 그 무렵 마을에 장사가 있게 되면 그 다음 정일(丁日)을 택한다.

포제를 치를 제관들은 제를 치를 24시간 전에 제청에 모이고 엄격히 근신한다. 그리고 포제를 치르기 전날 오후에는 제청에서 제복을 차려 입고 예행 연습을 한다.

포제를 치르는 데 쓰이는 경비는 모든 이민들이 공동 부담한다. 1972년도의 경우는 가구당 보리쌀을 한 되씩 갹출하여 이를 팔아 제향비에 충당했었는데, 근래에는 현금으로 내며 해마다 재일교포가 성금을 보내 온다. 예전엔 제관 식사를 각 제관 가정에서 차려 갔었지만, 번거롭고 폐단이 심했으므로 공동 식사로 바꾸어졌다.

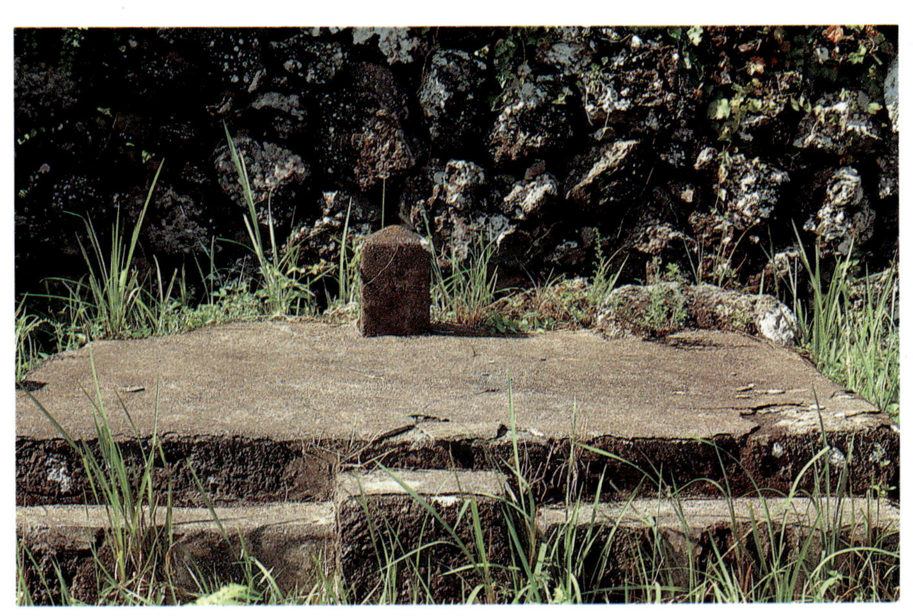

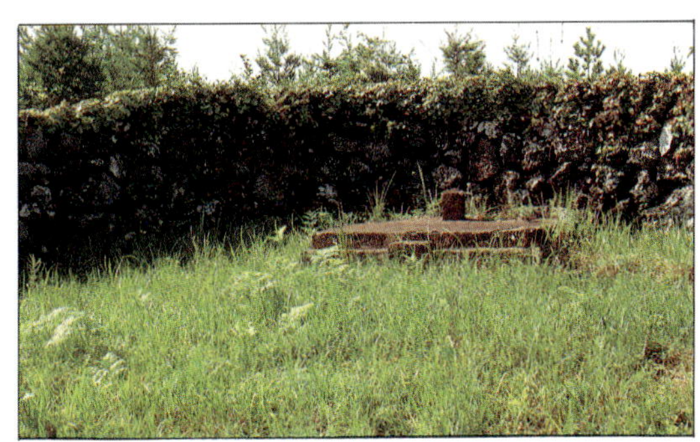

포제 예복 제사를 지낼 때 제관이 입는 의식용 옷이다.(왼쪽)
포제 동산 마을의 정갈한 장소를 잡아 동산으로 꾸미고 단을 설치한 뒤 여기에서 제를
치렀다. 오른쪽 위는 포제를 치르는 제단이고 아래는 포제 동산 전경이다.

무속 신앙

유식 마을제인 포제가 남성들의 재래 신앙이라 한다면, 여성들은 무속적 신앙 생활을 하는 이중 구조(二重構造)를 띠고 있는 점이 제주도 민간 신앙의 실상이라 하겠다.

지난날 성읍에는 무속과 관련된 당이 '안할망당' '광주부인당' '높은당' '눗은당' '일뤳당' '개당' '쒜당' '문호당' 등 거의 스무 군데에 이를 만큼 흔했다. 오늘날에는 거의 뜯겨져서 '안할망당' '일뤳당' '개당' '문호당' 등이 남겨졌을 정도다.

안할망당

성읍리 거리 한복판인 일관헌 옆에 있는 성읍의 본향당이다.

지난날에는 헌칠한 팽나무를 신목(神木)으로 삼아 돌을 쌓아서 제단과 울타리를 둘렀었다. 그런데 1971년 성읍리 사무소를 신축하게 됨에 따라 그 부지에 끼어들게 되자, 당이 있던 서쪽 돌담 너머에 2평 가량의 스레트집을 지어 거기로 옮겼다.

출입구 문을 열면 시멘트 단 위에 나무로 지은 신단(神壇)이 놓여 있고, 가운데에는 '현해수호신지위(縣海守護神之位)'란 위패가 세워져 있다. 위패 둘레에는 색색의 헝겊과 구슬목걸이 및 지전(紙錢)이 걸려 있으며, 위패 밑에는 붉은 방석 위에 비녀 한 개가 놓여 있고 나무로 된 신단 위에는 다음과 같은 해설문이 세워져 있다.

李朝世宗五年 本晋舍村에 旌義邑地로 設定하니 初代縣監이 縣守護神으로 仰尊 官民一致 奉安하다.

辛亥年 三月 日

移設

이 '안할망당'을 주민들은 '당'이라 하기보다 그냥 '안할망' '안할마님' '관청할마님' 등 친근감 있게 부르면서 드나든다.

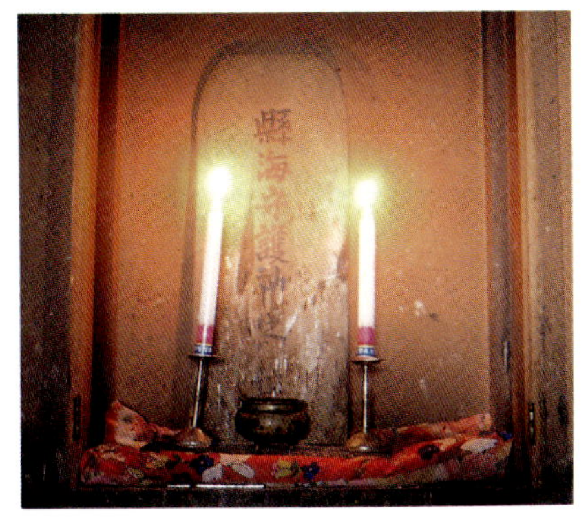

안할망당 '현해수호신(縣海守護神)'이라는 위패가 있는 안할망당은 성읍 마을 주민들의 안녕과 신수를 관장한다.

'안할망당'이 성읍리의 본향당이긴 하지마는, 본디 매인심방이 없고 그 본풀이도 분명히 확인되지 않는다. 다만 마을 사람들이 기억하는 데 따른 본풀이 대강의 줄거리와 제를 치르는 모습 등을 종합해 볼 때 '안할망'이란 본디 '안칠성'이라는 무신(巫神)이라고 짐작된다.

'안칠성'이란 집안의 고방에 모시면 그 집안을 부유하게 한다는 사신(蛇神)이다. '안칠성'이라 함은 안에 모셔지는 칠성(七星)이란 뜻으로, 일반적으로 가내신(家內神)인데도, 성읍에서는 마을 전반의 풍요를 비는 당신(堂神)이 되었다는 점이 유다르다.

'안할망'은 성읍 온마을 주민들의 안녕과 신수(身數)를 관장한다고 믿는다. 따라서 성읍 마을의 부인들은 해마다 정초가 되면 제각기 찾아가서 치성한다. 또한 정성을 드릴 필요가 있을 때마다 찾아간다. 곧 자식의 입학, 취직, 승급 시험을 볼 때, 자식이 출정할 때, 집안의 어떠한 소망이 이뤄지기를 간절히 바랄 때, 장사하러 육지로 나갈 때, 소송 사건이 생기거나 할 때 개개인의 소원은 물론이요, 마을에서 축구 시합 등 운동 경기에 나갈 때에도 '안할망'에 기원하면 효험이 있다고 한다.

‘안할망당’은 본향당이기 때문에 예전에는 성읍 주민들이 ‘안할망’을 위해 큰굿도 치렀다.

광주 부인당(光州夫人堂)

‘안할망당’ 서쪽 홍태옥의 집울타리에 위치한 광주 부인당은 부인들의 부인병이나 모유(母乳)를 관장한다고 믿고들 있다. 따라서 성읍리의 부인들이 부인병이 있거나, 분만한 다음에 산모의 모유가 시원치 않을 때 이곳을 찾아 치성해서 효험을 바란다는 것이다.

이 ‘광주 부인당’의 형성 설화에는 애틋한 사연이 깔려 있다.

예전에 한 현감이 정의현을 다스리러 본토에서 부임해 왔다. 그 현감은 워낙 너그러운 정사를 폈으므로 정의현의 주민들은 편안한 삶을 누리었다. 다만 현감 부인이 정체 모를 병환으로 시름시름 앓는 것이 고을 백성들로서는 말못할 걱정이었다.

정성을 다 쏟았으나 부인의 병세는 점점 위태로워져 갈 뿐이었다. 현감 부인은 정의고을로 오면서 광주 태생의 성실한 시녀를 데리고 왔었다. 누구보다도 부인의 병을 가장 안타까워한 이는 그 시녀였다. 치료해도 가망이 안 보이자 그 시녀는 현감 부인 병환의 쾌유만을 간절히 바라는 지극한 정성에서 현감 부인 대신 순사(殉死)했다. 너무나 거룩하게 순사했으므로 그 영혼은 ‘광주 부인당’이 되고 부인병을 관장하는 신격(神格)으로 화했다는 이야기다.

일뤳당

‘상궁알당’ ‘토산할망당’이라고도 하는 당으로 성읍 마을 서쪽 가시리로 가는 길로 접어들어 300미터쯤 걸어가면 나타난다.

이 ‘일뤳당’은 길 남쪽에 잡목과 억새 따위가 엉클어진 돌더미 동산에 위치해 있다. 곧 표선면 토산리에서 발생하여 전도에 분포된, 뱀을 숭상하는 계열의 당이다. 제주도 전반에 걸쳐 띄엄띄엄 보이지마는, 특히 옛 정의현의 모든 마을에는 거의 ‘일뤳당’이 분포되어 있다.

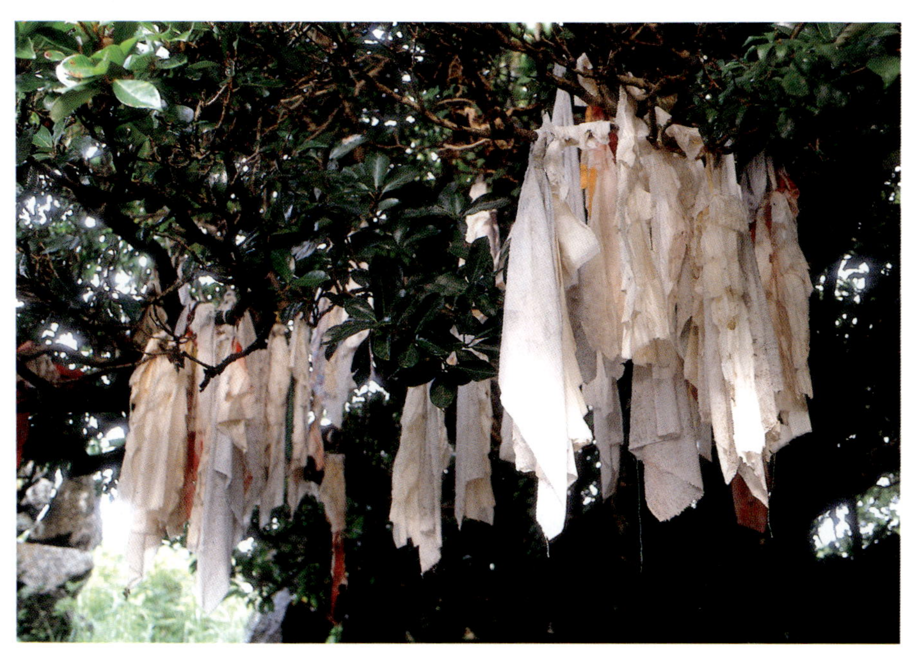

일뤳당 옛 제주도는 뱀에 의한 피해를 많이 받았던 지역인만큼, 도내 전역에 뱀을 숭상하는 당이 많았다. 이 일뤳당은 특히 정의현 전역에 분포되어 있었다.

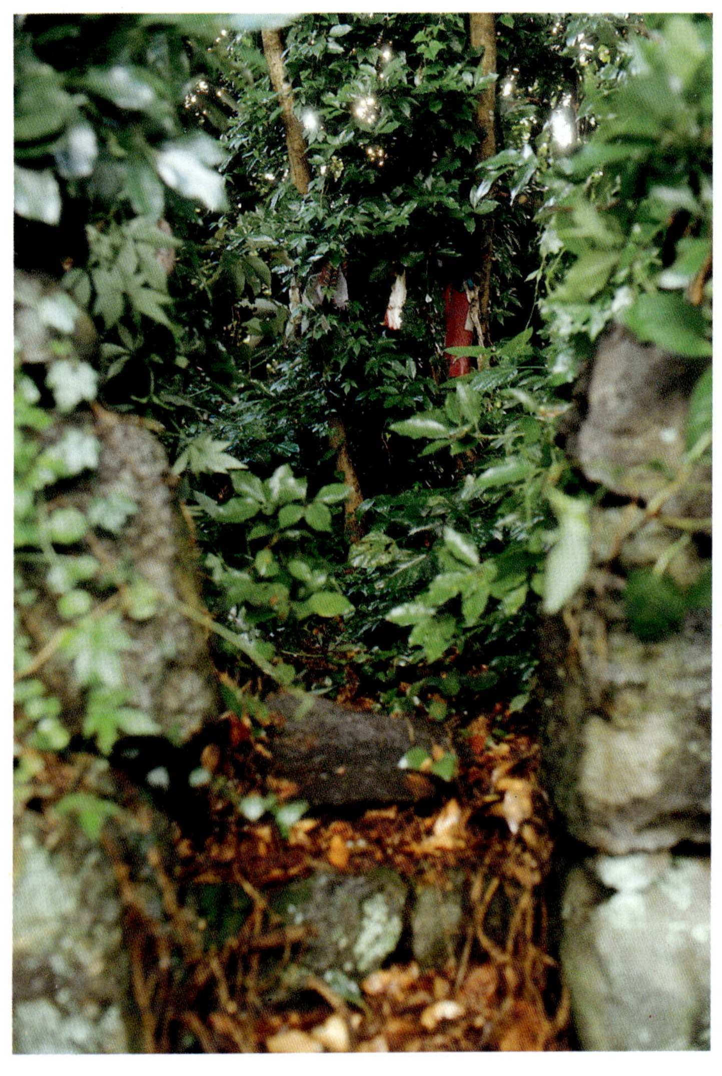

문호당 구석밧이라는 지경에 있는 문호당은 마을 어린이들의 질병, 특히 종기를 관장
한다는 당이다.

성읍리에는 이 밖에도 마을 어린이들의 질병, 특히 종기를 관장한다는 '문호당'과 '개당'이 있다. '문호당'은 구석밧이라는 지경에, '개당'은 개동산에 있다. 또한 마소를 관장한다는 '쉐당'이 있다. 곧 '쉐당'은 마소의 질병을 돌보며, 마소를 잃어버렸을 때 정성을 드리면 효험이 있었다고 한다.

백종코시(百中告祀)

음력 7월 보름인 백중날 축산하는 주민들이 마소가 탈없이 잘 자라고 질병에 걸리는 일이 없기를 축원하면서 치르는 고사다.

메 한 그릇과 떡, 바다고기 및 제주 등을 마련하여 백중날 자정에 영주산에 가서 치른다. 영주산은 성읍리 북쪽에 병풍처럼 의연히 솟아 있는 봉우리다. 과거에는 많은 가구에서 치렀으나 이제는 한 동네 두서너 가구에서만 치르고 있을 뿐이다.

올래코시

거리에서 집안으로 들어오는 가느다란 길을 '올래'라 한다. 따라서 '올래코시'란 말은 가문(家門)을 위한 고사(告祀)인 셈이다.

음력 정월에서 3월 사이에 가족들의 생기에 맞게 택일하여 심방이나 스님을 빌어서 '올래코시'를 치른다. 그 제물로는 떡, 메, 과일, 제주 등과 더불어 살아 있는 수탉 한 마리를 희생으로 올린다.

축원한 다음에 희생인 수탉을 올래로 던져서 신수(身數)의 길흉을 알아본 뒤에 죽인다. 곧 수탉의 머리를 탁 때려서 올래로 던졌을 때 머리가 집 바깥 쪽으로 향하면 길하고 집 안쪽으로 향하면 흉하다고 한다. 만약 수탉의 머리가 안쪽으로 향했을 때에는 사람이 가서 바깥 쪽으로 머리를 돌려 놓는다고 한다. 올래로 내던져진 닭은 그 자리에서 한 발자국 나아간 자리에 묻거나, 머리만을 잘라서 묻는다.

공인 종교

성읍리에는 대한예수교장로회 성읍교회와 대한불교 일붕선교종 법성사(大韓佛教一鵬禪教宗 法聖寺)가 있다.

성읍교회는 제주도내에서도 꽤 오랜 연혁을 지닌 교회의 하나다. 곧 제주도에서는 처음으로 제주시에 교회가 세워진 것이 1908년이요, 그 이듬해인 1909년 성읍교회가 창설되었다.

성읍교회는 창설 당시에 포교 활동이 왕성해서 교세도 퍽 확장되었으나, 오늘날에는 그 연혁에 비례할 만큼 교세가 크게 확장된 편은 아니다. 부지 450평에 이룩된 현재의 교회 시설은 1970년도에 개축된 것이다.

그리고 성읍2리 구렁팟에는 근래에 가나안교회가 설립되었다.

성읍리의 사찰로는 대한불교 일붕선교종 법성사가 있는데 전신은 대한불교 법화종 영불사(大韓佛教法華宗 靈佛寺)다. 법성사는 1964년도에 창설되었으며, 1987년에 이르러 규모를 갖춘 가람을 마련하였다. 지금은 교세가 나날이 확장되어 가고 있다. 법성사에서는 신심이 도타운 재일교포 한 보살의 원력에 따라 제주시 연동에 금강유치원 설립을 추진중이다.

그리고 성읍리에는 속칭 일관도(一貫道)라고도 하는 국제도덕협회가 있다. 1960년대초에 성읍리에 들어온 이 종교는 당초 80호 이상의 신도를 확보하였으나 그 교세가 확장되지는 않았다.

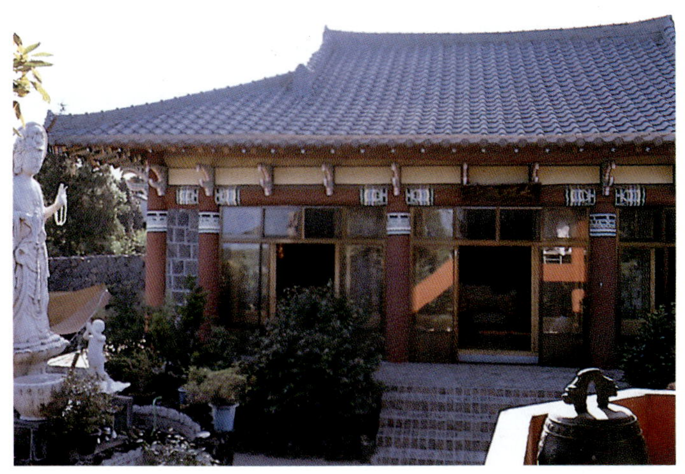

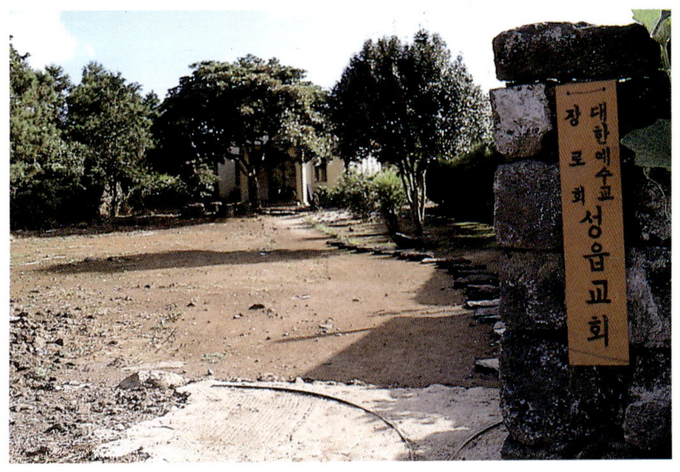

법성사 성읍 마을의 공인 종교 가운데 불교계 사찰인 법성사는 1964년에 창설되었
다.(위)
성읍교회 제주도 안에서도 매우 이른 시기에 세워진 교회로 1970년에 개축되었다.
(아래)

성읍 마을의 세시 풍습

제주도의 세시 풍습은 도내 어디서든 비슷비슷하다. 그런 대로 성읍 마을에서 두드러지게 드러나는 세시 풍습을 음력에 따라 간추려 보기로 한다.

음력 정월

1월 1일: 설빔　　예전에는 무명이나 광목 따위 옷감으로 집에서 손수 지어 입었으며, 물감도 집안에서 들였다.

1월 1일~2월말: 세배　　예전에는 세배 다니는 기간이 길었고 그 대상도 광범위하였다. 친족과 마을 어른은 물론 처족(妻族), 외척(外戚)까지 꼬박꼬박 세배했는데, 처가 세배는 복숭아꽃이 피어야 간다는 속담도 전해진다.

1월 1일~5일: 상보기　　돌아가셔서 아직 삼년상을 치르지 않은 마을 안 고인의 상을 찾아 세배 드리고 상제와 인사를 나눈다.

정초: 토정비결보기　　세배를 다닐 때에 마을의 어른들은 그 답례로써 토정비결을 보아 준다.

정초: 걸궁　　매해 음력 12월 25일에 열리는 이민 대회의 결의

에 따라서 정초에 '걸궁'을 벌인다. 몇 해에 한 번 주민들의 공공기금
이 필요할 때 이를 마련하는 한편, 마을의 안녕을 빌고 주민들이
함께 즐기기 위하여 '걸궁'을 치른다. 성읍 마을은 예전부터 '걸궁'
을 성대히 치르는 곳으로 널리 알려졌다.

정초:콩윷놀이　　강낭콩 따위로 윷을 만들고 그해 운수를 점치
기도 하며 정초의 한갓 오락으로 삼는다.

정초:투전놀이　　성읍 마을에서는 1930년대까지만 해도 정초
가 되면 투전놀이가 성행했는데, 가끔 도박성을 띠어 재산을 탕진
하는 예도 있었다.

정초: 할망당에 가기　　한 해 동안 집안의 안녕을 빌기 위하여
마을의 아낙네들은 거의 '할망당'에 가서 빈다.

정초: 포제　　보통 정월 첫 정일(丁日)에 마을 서북쪽에 있는
포제 동산에서 포제를 치른다.

정초: 맷돌질과 방아질 삼가함　　정초, 특히 축일(표日)에는
맷돌질과 방아질을 삼가한다. 만약 맷돌질과 방아질을 하면 소가
빻아지고 찧어지는 격이므로 소가 않는다는 속신이 전한다.

정초: 장담그기　　반드시 유일(酉日)이나 술일(戌日)에 장을
담가야 한다. 특히 진일(辰日), 사일(巳日)에 장을 담그면 그 간장,
된장 맛이 없어진다고 믿는다.

1월 1일~3월말:연날리기　　예전에 어린이들은 물론, 어른들까
지도 정초에서 2, 3개월 동안 연날리기를 즐겼다. 정월 보름에는
이른바 '연방쉬'라고 해서 액운을 내보내는 뜻으로 연을 멀리 띄워
보냈다.

정초: 금품(金品) 안 내기　　정초에는 가급적이면 금품을 집
밖으로 내보내지 않는다. 정초에 금품을 바깥으로 내게 되면 한 해
운수가 좋지 않다는 속신이 전해진다.

입춘날: 춘방(春榜)　　입춘날 입춘이 드는 시간에 춘방(春榜)을

여러 곳에 써 붙였었다. 1930년대 초까지는 대문을 비롯한 대청마루와 여러 방, 부엌, 상깃기둥, 심지어는 외양간까지 써 붙였었는데, 이제는 썩 간소화되었다.

입춘날:부적(符籍)붙이기　　입춘날 입춘이 드는 시간에 알맞은 곳에 부적을 붙인다.

입춘날: 여인 외출 금지　　입춘날 여인들은 나들이를 삼간다. 만약 여인이 방문하게 되면, 그 집 곡식밭에 김이 많이 자란다는 속신이 전한다.

입춘날:거래 금지　　입춘날에는 금전 거래를 전혀 삼간다.

1월 15일: 액막이　　토정비결에 그해의 신수가 나쁘면 이른바 '도채비방쉬'라는 액막이를 한다. 짚으로 허수아비를 만들어 세 갈래 길이나 네 갈래길에 두어 두는데, 이 허수아비를 맨 처음 보고 놀라는 사람에게 그 액운이 돌아간다고 믿는다.

음력 2월

한식날: 선묘 손질　　한식 명절날을 택하여 선묘를 손질한다. 청명날에도 세우지마는, 이 날에는 선묘에 비석을 마련하여 세우기도 한다. 이 날은 선묘에 어떠한 손질을 해도 탈이 없다고 믿는다.

음력 3월

3월 1일~14일: 시제(時祭)　　친족들이 지제(止祭)된 선묘를 찾아가서 묘제를 치른다. 묘제를 치르는 날짜는 가문마다 다르다.

중순: 미역캐기　　표선리 제1종 공동어장에서 미역을 허채(許採)하는 날, 표선리로 내려가서 그 마을 해녀들이 캐던 나머지를 채취해 와서는 먹곤 한다.

음력 4월

4월 8일: 첫돌애 머리깎기　　첫돌이 된 애의 머리를 가급적이면 4월 초파일에 깎는다. 초파일에 깎아야 머리가 깨끗하고 탈이 없다는 속신이 전해진다.

음력 5월

5월 5일: 그네뛰기　　단오 명절날 마을의 젊은 여인들이 마을 안 느티나무 등에 그네를 매고 그네뛰기를 했다. 성읍 마을에서는 그네를 '굴메'라 하는데, 예전에 기녀(妓女)들의 그네뛰기는 퍽 운치가 있었다고 한다.

음력 6월

6월 20일: 닭 보신(補身)　　다소 여유 있는 집안에서는 일부러 닭을 사서라도 이 날 가족들의 보신을 위해 닭을 잡아먹는다.

갈옷　음력 6월 하순이면 풋감을 빻아 물들여 갈옷을 만든다.

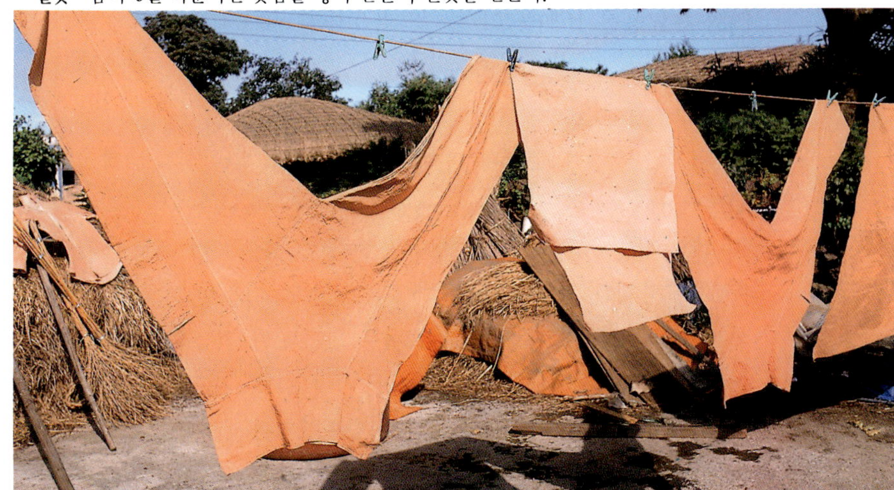

하순:갈옷 짓기   ‘갈옷’이란 옷감에 풋감을 찧어서 물들여 만든
제주도 고유의 노동복이다. 여물어 가는 풋감을 터앝 감나무에서
따서 함지박 따위에 넣고 빻은 감물에 옷을 적셔 물들여 말리는
‘갈옷’을 만든다.

음력 7월

7월 7일: 칠석날 물맞기   칠석날 물맞기는 건강에 유익하다고
해서 주민들은 한라산 쪽 자그만 폭포가 떨어지는 곳으로 물 맞으러
간다. 특히 아낙네들이 물맞기를 즐겨하는데 성읍 마을에서는 흔히
신산리 분드르지경으로 나가서 물을 맞는다.

7월 7일: 마풀림   집안의 옷, 침구, 책과 온갖 가구 등을 마당에
끌어 내어 햇볕에 쬐고 먼지를 털어 손질한다. ‘마풀림’이란 오월
장마에 따른 더럽힘을 없앤다는 뜻.

백중날: 우마제(牛馬祭)   백중날 농축산을 관장한다는 ‘맹감산
신’에 대한 제를 치른다. 마소를 기르는 집에서 그 주인들이 제수를
차리고 마소를 놓아먹이는 밭에 나가서 제사한다.

백중날: 호박줄·박줄치기   호박이나 박이 잘 열리도록 백중날
저녁에 호박줄이나 박줄을 막대기로 딱딱 친다.

음력 8월

8월 1일~8월말: 소분(掃墳)   가까운 친족끼리 선묘를 찾아다
니며 소분을 한다. 입도선묘(入島先墓), 또는 입도선조에서 수대까지
의 선묘 소분은 ‘도소분(都掃墳)’ 또는 ‘모둠소분’이라 해서 대체로
8월 1일에 각파 친족들이 의무적으로 공동 참가하여 실시한다.

하순: 동백기름 짜기   동백나무 열매로써 기름틀(搾油機)로
동백기름을 짠다. 동백기름은 예전엔 아낙네들의 머리 치장에 높이
평가되던 기름으로 뭇여인들이 애지중지했었다.

음력 9월

9월 9일: 심방굿　　9월 9일은 무조(巫祖)가 태어난 날이라 해서 심방들의 집에서 큰굿을 치른다. 주민들은 굿하는 곳을 찾아가서 인사하고 부조하는 게 한갓 의무처럼 되어 있다.

음력 10월

중순: 마소 낙인(烙印)　　추수를 마친 10월 중순 갑자(甲子)날을 골라서 가문별로 제각기 다른 표지(標識)의 낙인을 찍은 다음에 방목한다.

음력 11월

하순: 지붕이기　　띠밭(새밭)에서 베어 온 띠(새)로써 지붕을 인다. 미리 지붕을 바둑판처럼 얽을 줄(띠줄)을 마련해 두었다가 화창한 날을 골라서 지붕을 인다.

하순: 제주(祭酒)빚기　　부엌 안에 술독을 앉히고 제주를 담근다. 좁쌀로 만든 떡으로써 청주를 빚는데, 두세 해 묵은 청주일수록 값어치 있게 여긴다.

음력 12월

12월 중순: 꿩사냥　　마을 사람들이 몇 사람씩 조를 짜서 개를 데리고 한라산 중턱으로 나가 꿩사냥을 흔히 했었다.

하순: 신구간(新舊間)　　대한(大寒) 후 7일부터 입춘(立春) 전 3일까지 6일 동안은 사람 삶의 모든 일을 도맡은 신들이 교체하는 기간이라 하여 '신구간'이라 한다. 보통 때에는 탈이 많은 일들이라도 이 기간에는 신의 간섭이 없다고 해서 이사, 가옥 수리, 이묘 등을 서둔다.

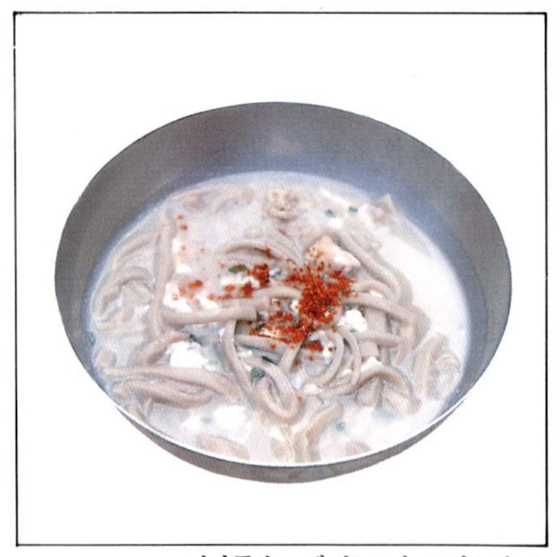 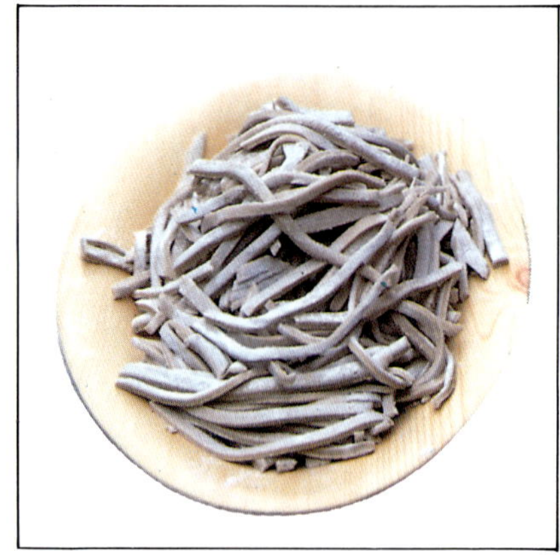

메밀국수 메밀로 만든 칼국수로, 섣달 그믐날 저녁에 즐겨 먹는다.

납일(臘日) : **납평**(臘平)**엿**   동지(冬至) 후 셋째 술일(戌日)인 납평일에는 수수, 좁쌀, 찹쌀 따위로 엿을 곤다. 이 엿은 보신하거나 종기를 치료하는 데 쓰이며, 배앓이 때에도 소주에 타서 먹는다.

12월 20일경 : 접쉐(契牛)**잡기**   계의 수익으로 사서 기르는 소를 '접쉐'라 하는데, 이 소를 잡아 계원들에게 골고루 나눈다. 계원들은 이 쇠고기를 제수로 하여 설을 쇠고 일부는 조림해 두었다가 제사 때 제수로 쓴다.

12월 25일 : 향회(鄉會)   마을의 향회, 곧 이민 대회를 반드시 12월 25일에 연다. 한 해 동안 마을 살림의 경과와 결산을 보고하고, 새해의 사업 계획과 포제의 제관 선정 등 중요한 일을 협의한다. 새해 연초에 걸궁을 치를 것인가의 여부도 결정하며, 예전에는 주민들에 대한 상벌도 실시했었는데, 그 중에서도 이른바 '멍석말이' 징계는 엄격한 것이었다.

그믐날 : 그믐날 밤 지내기   그믐날에는 빚을 갚는 등 모든 거래를 청산한다. 밤에 잠을 자면 눈썹이 희어진다고 하여 모여 앉아